JN087156

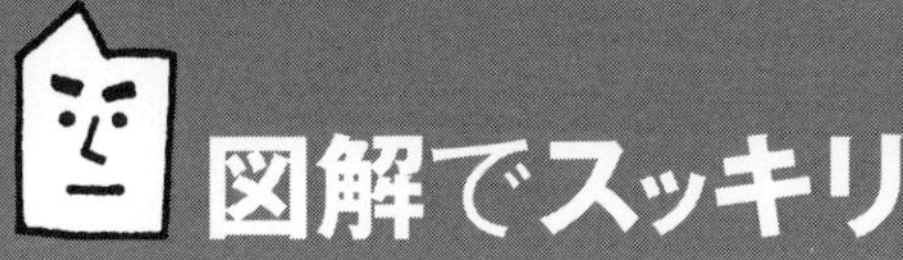

# 収益認識の会計入門

第2版

EY新日本有限責任監査法人——[編]

中央経済社

# 改訂にあたって

2018年３月30日に我が国における収益認識に関する包括的な会計基準（以下,「2018年会計基準等」という）が公表されてから２年，2020年３月31日にその改正版（以下,「改正会計基準」という）が公表されました。

改正会計基準では，主として注記事項，及び，収益認識の表示に関する下記事項に係る取扱いが示されました。

⑴ 収益の表示科目

⑵ 収益と金融要素の影響の区分表示の要否

⑶ 契約資産と債権の区分表示の要否

これに伴い,「図解でスッキリ　収益認識の会計入門」でも，これらの取り扱いを解説することにしました。もちろんコンセプトはこれまでどおり，図解やキャラクター，そして専門用語でない一般用語を用いた解説で会計に関するモヤモヤ感を「スッキリ」させることです。

収益認識に関する会計基準の導入に携わる皆様方の一助になれば幸甚です。

最後に，本書改訂にあたり，アドバイスいただきました株式会社中央経済社の末永芳奈氏にこの場をお借りして御礼を申し上げます。

令和２年12月

EY新日本有限責任監査法人　執筆者一同

# 発刊にあたって

会計に携わる方なら，「基準や実務指針，解説書を読んでみたが，難解だった」といった経験があるのではないでしょうか。本書は，図解やキャラクター，そして専門用語でない一般用語を用いた解説で，会計処理に関するもやもや感を「スッキリ」させることをねらいとしています。

本書のテーマは収益認識です。平成30年３月30日に公表された「収益認識に関する会計基準」の解説本です。当会計基準は，これまでと体系が異なるもので，聞きなれない用語も多数出てきます。日本の会計基準は細則主義（具体的な処理方法を細かく規定する）ですが，当基準はIFRS第15号をベースとすることから原則主義（原則のみが示され，企業がその適用について判断する）です。このため会計に通じている方でも，若干のとっつきにくさを感じることもあるかもしれません。

当基準導入に伴い，業務フローやシステムの変更が必要になることが想定されますが，その際は，会計には縁がない担当部署の方にもご理解いただく必要があるとも考えられます。

本書がこういった方々の一助になれば幸甚です。

最後に，本書執筆にあたり，アドバイスいただきました株式会社中央経済社の末永芳奈氏にこの場をお借りして御礼を申し上げます。

平成30年８月

EY新日本有限責任監査法人　執筆者一同

# 本書の読み方

①原則，１見開き１テーマです。まずテーマを把握しましょう。テーマ別なので，知りたいor調べたいところだけのつまみ食いもOK！

## 1－3 収益認識の論点が生じない場合

**履行義務の充足と対価受領が同時の場合**

では，収益認識の論点が生じない場合とはどういった場合でしょうか？鉄道会社を例に切符と定期券とで比較してみましょう。

| | 履行義務の充足と対価受領のタイミング | 売上計上時 |
|---|---|---|
| 切符＊ | 切符**販売時に**サービスを提供 | 切符販売日 |
| 定期券 | 定期券販売後，**一定期間**，サービスを提供 | ？ |

＊　ここでは事前に購入される場合は除く。

切符の場合，サービスの提供と対価の現金の受領がほぼ同時です。したがって売上計上は切符を販売した日しかありえません。一方，定期券の場合，対価である定期代金は先に得ますが，鉄道会社のサービスの提供は終わっていません。鉄道会社には定期を買った人に対して一定期間，目的地まで電車を乗車させる義務（履行義務）があります。

つまり，切符のようにサービス提供と対価受領のタイミングが同じなら，その時点で売上を計上すればよいわけで，論点は生じません。一方，定期券のように両者のタイミングにズレが生じると，論点が生じるというわけです。

**Key Word　履行義務**

収益認識に関する会計基準では「履行義務」について以下のように定義されています。「顧客との契約において，(1) 別個の財またはサービス，(2) 一連の別個の財またはサービスのいずれかを顧客に移転する約束をいう。」（収益認識に関する会計基準）。一言でいうと企業のお客さんへのサービスまたは財の提供義務ということです。

②右ページの図解と合わせ，読み進めていきましょう。重要な用語は，Key Word として強調し，＋αの知識は，Check！として紹介します。

むずかし～いテーマも図解の力で，頭にしみいるように解説します！　もう挫折はしないよ！

## 履行義務と対価の受領のタイミング

■ 切符の場合

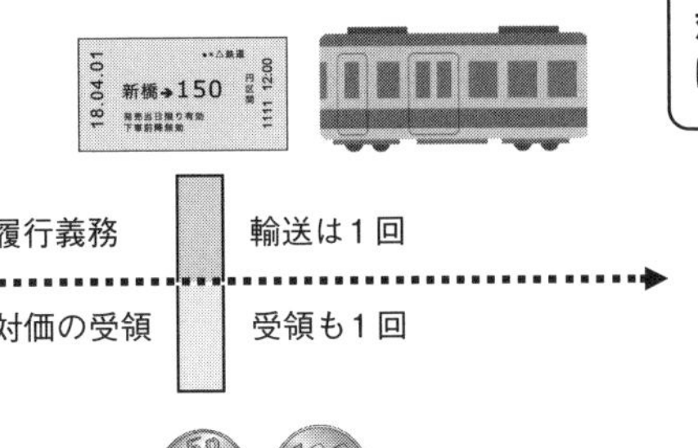


■ 定期券の場合

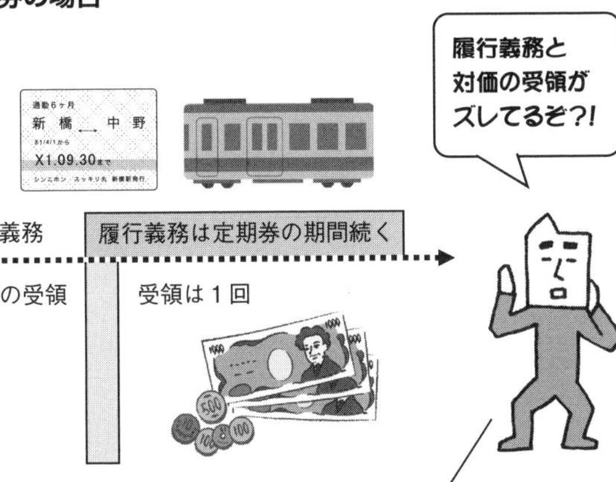


③スッキリ丸の疑問や発見により，つまずきやすい点，論点を把握することができます。

# Contents

## §9　表示と開示 ……………………………………………… 163

# §1

# 収益認識に関する会計基準で何が変わるの？

「収益認識に関する会計基準（以下，「収益認識会計基準」）」という新しい会計基準ができて，日本企業の業績に影響を与えるかもしれないって本当でしょうか？
問題（論点）となっているのは何なのでしょうか？

# 1－1 「収益認識」とは？

「いつ（タイミング）」と「どれだけ（金額）」に注目！

A自動車28兆円，B商社７兆円，C電話会社11兆円。何の数字かわかるでしょうか？これは日本の大企業の売上金額です。**売上は企業の業績や規模を表す重要な指標**です。大企業の売上が大きく変動すれば，ニュースや新聞などで大きく取り上げられます。では，企業はこの売上をどのように決算書に計上するのでしょうか？**それには２つのルール**が必要です。

**■いつ → タイミングの問題**

たとえば，遊園地の年間フリーパスチケットを考えてみましょう。年間フリーパスの代金はお客さんへの販売時に受領する一方，1年間，回数の制限なくお客さんをテーマパークへ入園させる義務があります。

このように対価の受領と履行義務の充足が同時でない場合には，会計処理にばらつきがでないよう，**「いつ売上を計上すべきか」のルール**が必要です。

**■どれだけ → 金額の問題**

たとえば，お酒やたばこの販売価格には税金が含まれており，いったん売主に入ったあと，最終的には国に税金として納められることになります。売上計上額としては，税込金額と税抜金額があり得ます。

このように複数の金額があり得る場合に，会計処理にばらつきがでないよう，**「どれだけ売上を計上すべきか」のルール**が必要です。

つまり**売上をいつ，どれだけ計上するか**ということが収益認識の論点なのです。従来の日本では具体的なルールがありませんでした。

## 適切な売上計上にはタイミングと金額のルールが必要！

会社の業績の中でもっとも注目される指標である売上が適切に計上されるには，「いつ（タイミング）」と「どれだけ（金額）」についてのルールが必要。

### ■いつ？（タイミング）

例：遊園地のフリーパスチケットの売上計上のタイミングは，いつが適切か？

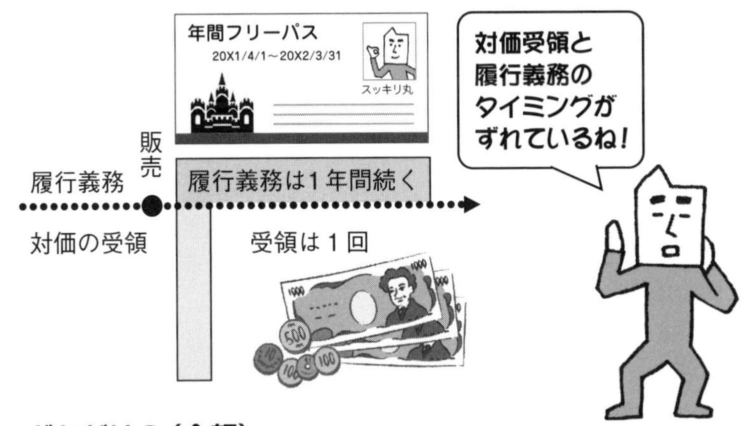


### ■どれだけ？（金額）

例：販売価格に間接税を含む場合の売上計上額は，いくらが適切か？

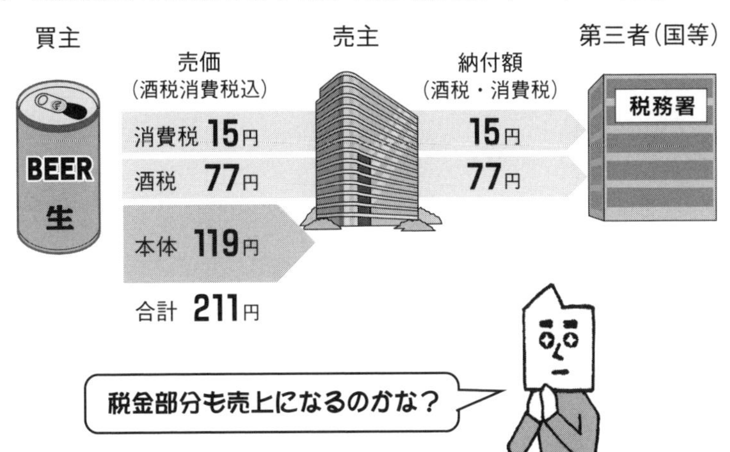

# 1－2 従来の日本の収益の会計処理は？

## 実現主義による収益認識とは？

日本の新しい収益認識の会計基準が公表されました。では，従来どのような基準で，収益の認識を行っていたのでしょうか？

日本では，従来，収益認識については，工事契約やソフトウェアに係る収益を除き細かいルールは設定されておらず，原則，**実現主義**による収益の認識が行われてきました。実現主義とは，具体的には下記の**２つの要件**をクリアした時点で売上の計上を行うという考え方です。

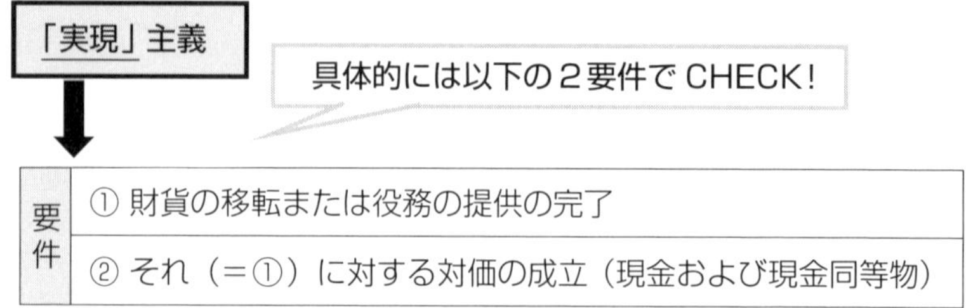


たとえば，コンビニやデパートなどの小売店では，レジで商品と引き換えにお客さんから現金もしくは現金同等物（＝商品券，クレジット債権等）をもらうと，実現の２要件は満たされ，売上が計上されます。

しかし，売上取引は業種により多様で，小売業のようにシンプルとは限りません。

①「財貨の移転または役務の提供の完了」と②「それに対する対価の成立」とも，定義が抽象的であったため，いろいろな解釈ができ，実務では良くも悪くも幅のある会計処理が行われていました。

## 実現主義とは？

実現主義では，２要件の成立で収益認識ができる

例：小売店における収益認識

① 商品を渡す

② ①に対する対価を受領

実現主義で判定した場合

| 実現主義の要件 | あてはめ | 判定 |
|---|---|---|
| ①財貨の移転または役務の提供完了 | ① 商品を渡す | ○ |
| ②それに対する対価の成立（現金および現金同等物） | ②レジでお金をもらう | ○ |

レジでの商品提供および現金収受で実現主義の２要件がクリア！

**小売業の売上はシンプルだね。**
**レジで実現主義の２要件が満たされ，**
**「いつ・どれだけ」売上を計上するかについて，特に論点はなさそうだね！**

# 1－3 収益認識の論点が生じない場合

**履行義務の充足と対価受領が同時の場合**

では，収益認識の論点が生じない場合とはどういった場合でしょうか？鉄道会社を例に切符と定期券とで比較してみましょう。

| | 履行義務の充足と対価受領のタイミング | 売上計上時 |
|---|---|---|
| 切符＊ | 切符**販売時に**サービスを提供 | 切符販売日 |
| 定期券 | 定期券販売後，**一定期間**，サービスを提供 | ？ |

＊　ここでは事前に購入される場合は除く。

切符の場合，サービスの提供と対価の現金の受領がほぼ同時です。したがって売上計上は切符を販売した日しかありえません。一方，定期券の場合，対価である定期代金は先に得ますが，鉄道会社のサービスの提供は終わっていません。鉄道会社には定期券を買った人に対して一定期間，目的地まで電車を乗車させる義務（履行義務）があります。

つまり，切符のようにサービス提供と対価受領のタイミングが同じなら，その時点で売上を計上すればよいわけで，論点は生じません。一方，定期券のように両者のタイミングにズレが生じると，論点が生じるというわけです。

**Key Word　履行義務**

収益認識に関する会計基準では「履行義務」について以下のように定義されています。「顧客との契約において，(1) 別個の財またはサービス，(2) 一連の別個の財またはサービスのいずれかを顧客に移転する約束をいう」。一言でいうと企業のお客さんへの財またはサービスの提供義務ということです。

## 履行義務と対価の受領のタイミング

### ■ 切符の場合

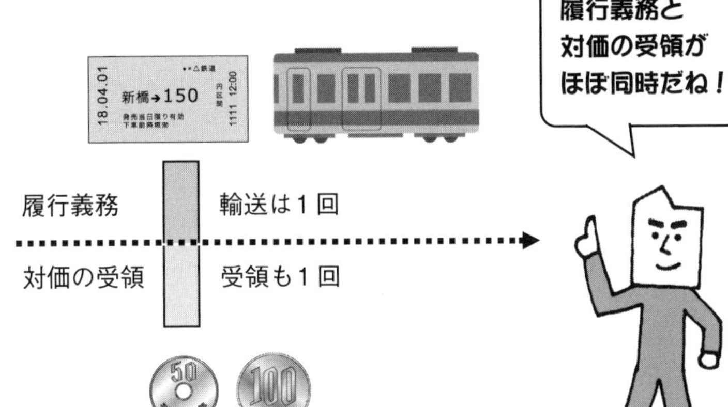


### ■ 定期券の場合

履行義務と
対価の受領が
ズレてるぞ?!

履行義務　　履行義務は定期券の期間続く

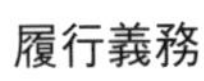

対価の受領　　受領は１回

# 1－4 「いつ」の論点が生じる場合

## 対価受領と履行義務が同時でない場合

次にデパートのお中元やお歳暮を例に考えてみましょう。

お中元やお歳暮は，注文者から注文を受けて代金を受領（＝対価の受領）します。そして，注文者の指定した時期（お盆や年末）に指定先に**商品を配達した段階でデパートの履行義務は果た**されます。

■ 対価の受領：注文者から代金を受領した時点
■ 履行義務：注文者の指定先に商品を配達した時点

では，お中元やお歳暮の売上は，いつ計上するのが適切でしょうか？理論的には，義務が果たされる「指定先への商品配達時」となりますね。

しかし，これまでは，具体的なルールが示されていなかったため，「代金受領時（義務の履行前）」に売上を認識するケースもありました。売上の計上時点が，デパート（会社）によって「代金受領時」であったり，「指定先への商品配達時」であったりとばらつきがあると，決算書の比較可能性の観点で問題です。

ここで注目すべきなのは，「対価の受領と履行義務が同時でない」といっても，定期券とお中元ではパターンが異なることです。むしろ取引の数だけ異なるパターンがあると言ってよく，個別具体的に売上計上時点を定めるには限界があります。このため，様々な具体例に当てはめられる指針が示された会計基準が必要となります。

その点，日本では，収益については実現主義があるものの，工事契約やソフトウェアを除き，具体的な指針がありませんでした。

## いつ売上を計上するの？

お中元やお歳暮も，対価の受領と履行義務が果たされる時点にずれが生じるケースである。この場合は，いつ売上が計上されるべきか？

| 時点 | 受注 | 出荷 | 配達完了 |
|---|---|---|---|
| 所有権 | デパート | デパート | 指定先（配達先） |
| 対価の受領 | 済 | 済 | 済 |
| 履行義務の充足状況 | — | — | 済 |

**いつ売上計上するの？**

| 従来の実務 | ★ | ★ | ★ |
|---|---|---|---|

従来は，個別具体的な指針がなかったため，売上計上時点は会社により，受注時，出荷時、配達完了時等，ばらばらであった。

# 1－5 「どれだけ」の論点が生じる場合

## 返品権がある場合

日本では，多くの場合，本やCDは店舗に置いてからしばらく経っても売れない場合は，出版社等に返品できます。たとえば，雑誌などは新しい号が発売されると，**書店は残った前の号を返品し，出版社は当初の販売価格で受け入れる**のです。本の返品率は，ある統計によると４割にも上るということです。

この「返品自由」という条件に対し，従来の実務では，納品した本の代金全額を売上計上したうえで，過去の返品実績等から合理的に返品が見込まれる**利益部分を引き当てる**（＝返品調整引当金）という処理が行われてきました。こうすることで，販売と返品が期をまたいだ場合も，損失が翌期に繰り延べられることが防げるのです。

しかし，利益だけ帳尻を合わせればよいというものではないという考えもあります。「返品自由」という条件下，それも相当割合が返品される中で，そもそも収益を認識してもよいのか？という考えです。こういう問題についても新しい収益認識会計基準ではとるべき考え方が示されています。

**Key Word　返品調整引当金**

返品調整引当金とは当期に売り上げた商品につき，契約に基づき次期以降に買い戻しを行う場合において，返品が予想される**商品の利益部分**について設定される引当金です。右ページの出版社の例であれば，

（売価＠500－原価＠400＝利益＠100）×返品見込数

と算定されます。

## 「どれだけ」の論点が生じる場合

日本の出版業界では，返品自由という慣行がある。A出版社が当該慣行に従っている場合，売価@500円（原価400円）で100冊を販売したときの収益認識は，どうあるべきか？

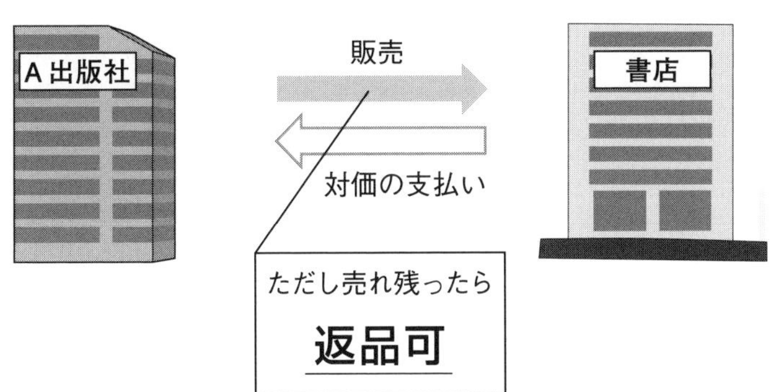


出版社の決算書

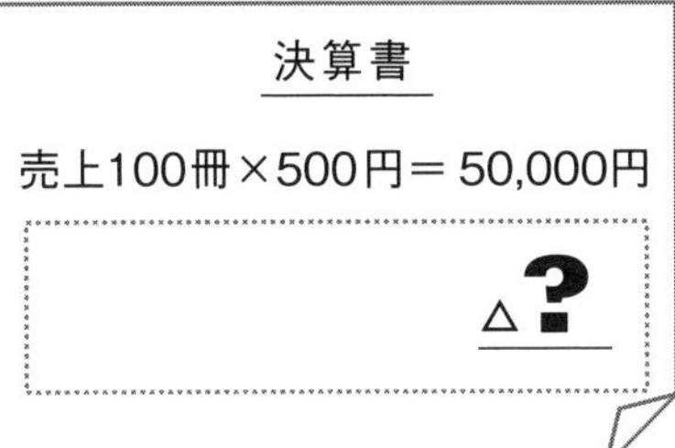

# 1－6 「いつ・どれだけ」の論点が生じる場合

### 1つの取引に複数の履行義務がある場合

電器屋さんで，パソコン本体と**2年間の電話サポートがセット価格**で販売されていました（右ページ参照）。こういった条件の場合，電器屋さんはどのように売上を計上すべきでしょうか？

## ■ いつ？（＝タイミング）

電器屋さんの履行義務は2つあります。1つはパソコン本体をお客さんに引き渡すこと，もう1つは販売時から2年間にわたり，電話によるサポートサービスを提供することです。履行義務を果たすことを条件に代金をもらうのですから，売上を計上するのは，「履行義務を果たしたとき」，または「果たすにつれて」というのが自然ですね。問題はセット販売なのに，履行義務を果たす期間が異なることです。パソコン本体の販売は一時点で履行義務が果たされるのに，電話サポートサービスの提供は2年にわたるのです。こういう場合に「いつ」の論点が生じます。

## ■ どれだけ？（＝金額）

仮に，パソコン本体と電話サポートサービスを分けて売上計上を行うとしても，セットで価格設定がされているので，内訳がわかりません。

また，サービス提供が2年にわたる電話サポートを，時の経過に従い売上を計上すべきか，お客さんにサービス提供する都度，売上を計上すべきかも悩ましいところです。こういう場合に「どれだけ」の論点が生じます。

## いつ・どれだけ売上を計上するのが正しいの？

A電器店では，パソコンと電話サポート２年間を20万円でセット販売した。この場合，A電器店は，売上をいつ・どれだけ計上すべきか？

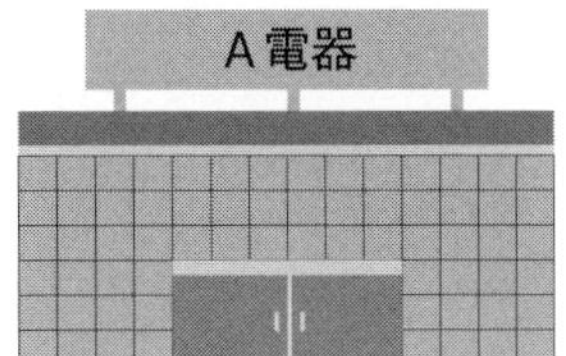


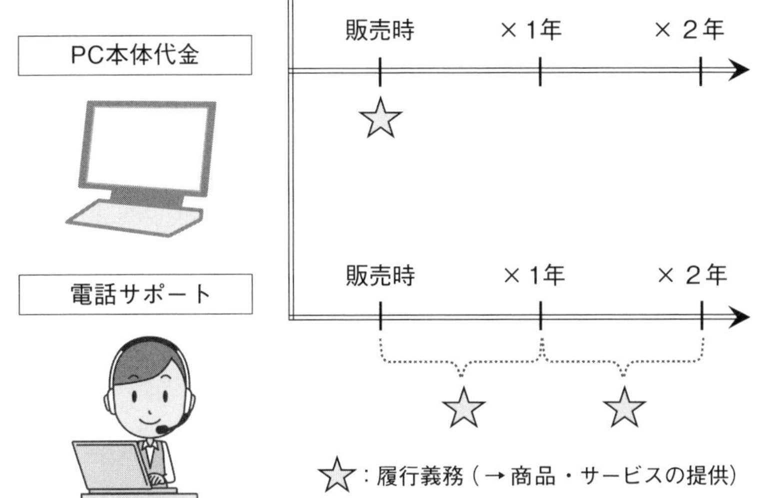


**履行義務が複数の場合は
どうやって売上を計上するのが
正しいんだろう？**

# 1−7 収益認識の世界の潮流

IFRSやUSGAAP

収益認識に関する国際的な会計基準ではどのようなことが起こっているのでしょうか？

国際的な会計基準は大きく分けて２つあります。IFRSとUSGAAPです。かつては**各々が具体的な収益認識に関する会計基準**を定めていました。

近年，IFRSを設定している国際会計基準審議会（IASB）とUSGAAPを設定している米国財務会計基準審議会（FASB）は世界的な統一を目的として**共同で収益認識に係る包括的な会計基準**の開発を行いました。

| 基準 | 設定主体 | 適用地域 |
|---|---|---|
| IFRS | 国際会計基準審議会（IASB） | 世界（米国を除くEUなど120か国以上） |
| USGAAP | 米国財務会計基準審議会（FASB） | 米国 |

結果として2014年5月に共同で「顧客との契約から生じる収益」を公表し，IFRSでは「IFRS第15号」として2018年1月以降開始事業年度から，USGAAPでは「Topic 606」として2017年12月15日以降開始する事業年度から適用されることになりました。両基準は文言レベルで**おおむね同一の基準**となっており，収益認識に関して世界的な統一が図られています。

今回日本に導入される収益認識会計基準は一部代替的な取扱いがあるものの，おおむねこのIFRS第15号と同一のものとなっています。

## 日本と世界の収益認識会計基準

今回，日本で公表された収益認識会計基準は，IFRSをベースとしたため，国際的な取扱いとほぼ同ベースになった。

| 基準 | 名称 | 内容 |
|---|---|---|
| IFRS | IFRS第15号顧客との契約から生じる収益 | 文言レベルでおおむね同一 |
| USGAAP | 収益認識（Topic606）顧客との契約から生じる収益 | |

IFRS第15号を基に作成

| 地域 | 名称 | 内容 |
|---|---|---|
| 日本 | 収益認識に関する会計基準 | IFRS第15号とほぼ同一（一部代替的な取扱い） |

## 収益に似た言葉

収益に似た言葉は色々あります。年商，年収，所得…など。たとえば，よくテレビなどで「年商数十億円の社長」などと紹介されることもありますが，どういう意味でしょうか？

■ 年商…年商とは**1年間の会社の売上**のことであり，原価や経費を引く前の会社の売上のことです。社長個人への役員報酬（給与）とは関係がありません。

■ 年収…年収とは1年間の**個人の収入（給料，賞与含む）**のことをいいます。この年収から所得税や社会保険を差し引いた金額が実際に給与口座などに振り込まれます。

■（法人）所得…法人の場合，所得といえば**税務上の利益**のことです。交際費などの一部は税務上は費用として認められないこともあるので会計上の利益と税務上の利益は異なることが多く，経理や監査の現場で所得といえば，一般には税務申告書上の課税所得を指すことになります。

余談ですが，年商は1億円に満たない会社の社長さんの年収が４千万円ということもあるでしょうし，逆に年商100億円の会社の社長さんでも，会社は赤字続きで社長さん個人の懐に入ってくる年収は６百万といったこともありうる話です。

# §2

# 収益認識のフレームワーク

収益認識会計基準が適用されることによって，どのようなことが変わってくるのでしょうか？

ここでは収益認識会計基準の考え方のアウトラインについて説明します。

# 2－1 収益認識会計基準の適用範囲は？

**基準の対象となる取引は限定されている**

収益認識会計基準が適用されるのは，「全収益」ではなく，「**顧客との契約から生じる収益**」のみです。また「顧客との契約から生じる収益」に該当しても，以下のものには適用されません。

## ■収益認識会計基準の範囲外である収益

- 「金融商品に関する会計基準」の範囲に含まれる金融商品に係る取引
- 「リース取引に関する会計基準」の範囲に含まれるリース取引
- 保険法に定められた保険契約
- 顧客または潜在的な顧客への販売を容易にするために行われる同業他社との商品または製品の交換取引
- 金融商品の組成または取得に際して受け取る手数料
- 「特別目的会社を活用した不動産の流動化に係る譲渡人の会計処理に関する実務指針」の対象となる不動産（不動産信託受益権を含む）の譲渡
- 暗号資産および電子記録移転権利に関連する取引

## ■イメージ図

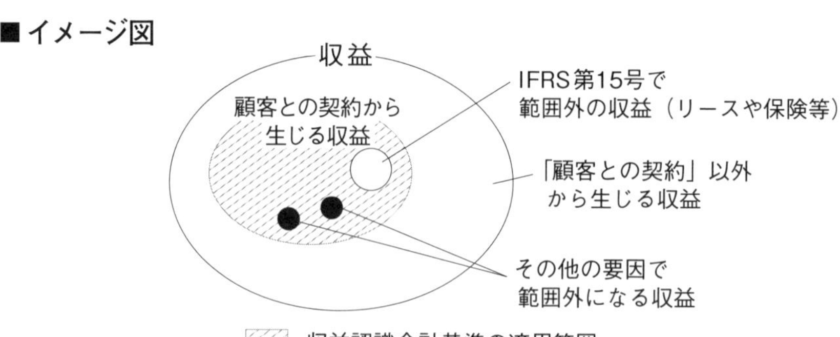

## 「収益認識会計基準の対象」となる収益

**■ 収益認識会計基準の対象となるのは以下の３条件を満たす取引**

例：カメラメーカーの場合

**Key Word　顧客**

収益認識会計基準の「顧客」とは「企業の通常の営業活動により生じた財またはサービスを対価と交換で得るために，その企業と契約した当事者」と定義されています。

# 2－2 収益認識のフレームワークは？

**取引を５つのステップに当てはめ考える**

収益認識会計基準では，５つのステップをふみ収益を認識します。

**【ステップ１】 契約の識別**

まずは契約が，基準の適用対象となる「顧客との契約」にあたるかを判断します（§2-3）。

**【ステップ２】 履行義務の識別**

次に，ステップ１で識別した契約に含まれる履行義務が何かを識別します（§2-4）。

**【ステップ３】 取引価格の算定**

ステップ１で識別した契約自体の取引価格が，いくらなのかを算定します（§2-5）。

**【ステップ４】 履行義務に取引価格を配分**

契約の中に履行義務が複数ある場合，それぞれの履行義務の基礎となる財やサービスを別々に販売した場合の価格に基づき，契約の取引価格を履行義務に配分します（§2-6）。

**【ステップ５】 履行義務の充足により収益を認識**

最後に，履行義務が充足されるタイミングが，一時点なのか，一定の期間にわたるのかを慎重に判断します。そのうえで履行義務の充足時，または充足するにつれ，**ステップ４**で配分された金額を収益として認識します（§2-7）。

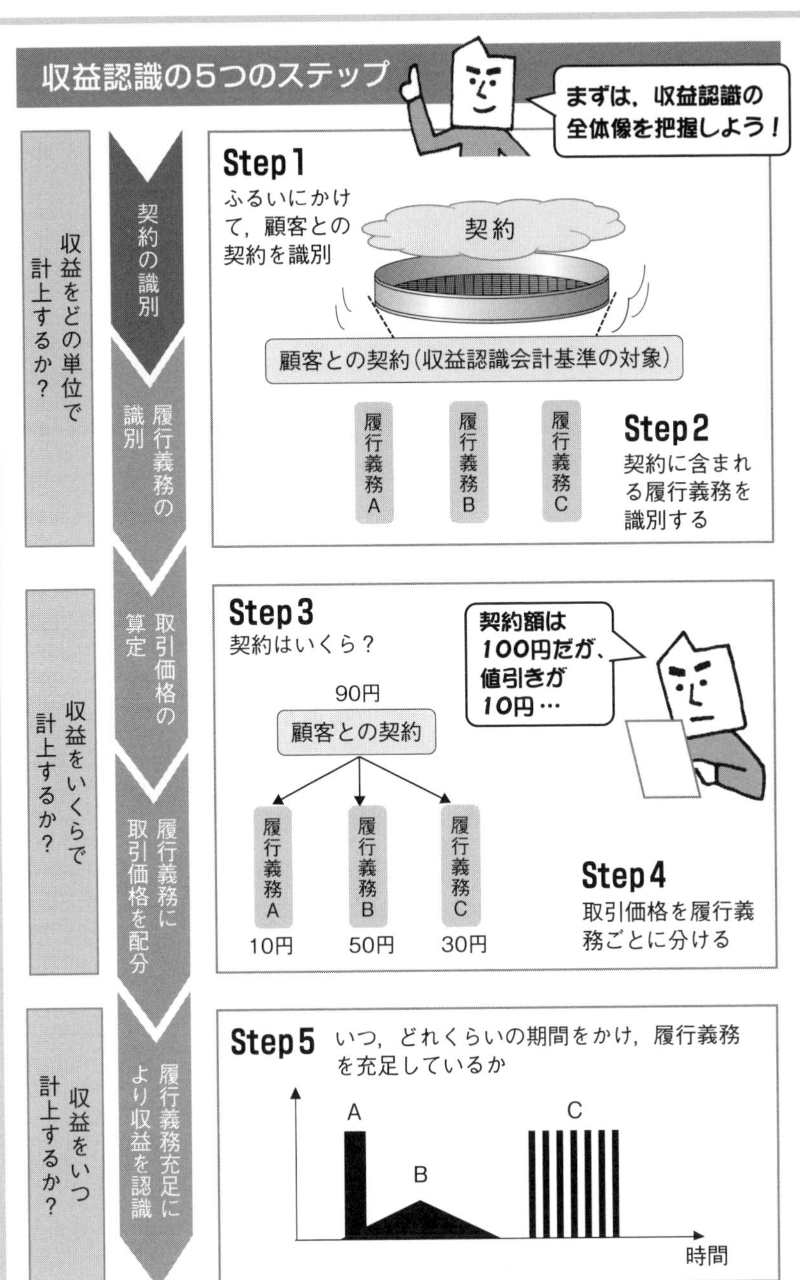
収益認識の5つのステップ
まずは，収益認識の全体像を把握しよう！
収益をどの単位で計上するか？
契約の識別
履行義務の識別
Step1
ふるいにかけて，顧客との契約を識別
契約
顧客との契約（収益認識会計基準の対象）
履行義務A
履行義務B
履行義務C
Step2
契約に含まれる履行義務を識別する
収益をいくらで計上するか？
取引価格の算定
履行義務に取引価格を配分
Step3
契約はいくら？
契約額は100円だが、値引きが10円…
90円
顧客との契約
履行義務A
履行義務B
履行義務C
10円
50円
30円
Step4
取引価格を履行義務ごとに分ける
収益をいつ計上するか？
履行義務充足により収益を認識
Step5
いつ，どれくらいの期間をかけ，履行義務を充足しているか
A
B
C
時間

# 2－3 収益認識のステップ1

## 顧客との契約を識別する

**ステップ1**では，当事者間で取り決められた契約内容が，収益認識会計基準の対象となる「顧客との契約」に該当するかを検討する必要があります。下記の５つの要件すべてが満たされる場合に，「顧客との契約」となり，次のステップへと移行します。

⑴　当事者が契約を承認しており，それぞれの義務を履行することを約束している（契約についてお互いが納得し，約束している）。

⑵　財またはサービスについて，各当事者が有している権利が明確である（合意された契約についてお互いの権利が明確になっている）。

⑶　財またはサービスの支払条件が明確である（支払条件がない契約は対象外）。

⑷　契約に経済的な裏付けがある（循環取引のようなものではない）。

⑸　財またはサービスと交換して得ることになる対価の回収できる可能性が高い（回収できないと考えられる金額は認識しない）。

**Key Word　契約**

収益認識会計基準の「契約」とは「法的な強制力のある権利及び義務を生じさせる複数の当事者間における取決め」であり，必ずしも文章化されている必要はなく，口頭や慣行によっても成立します。

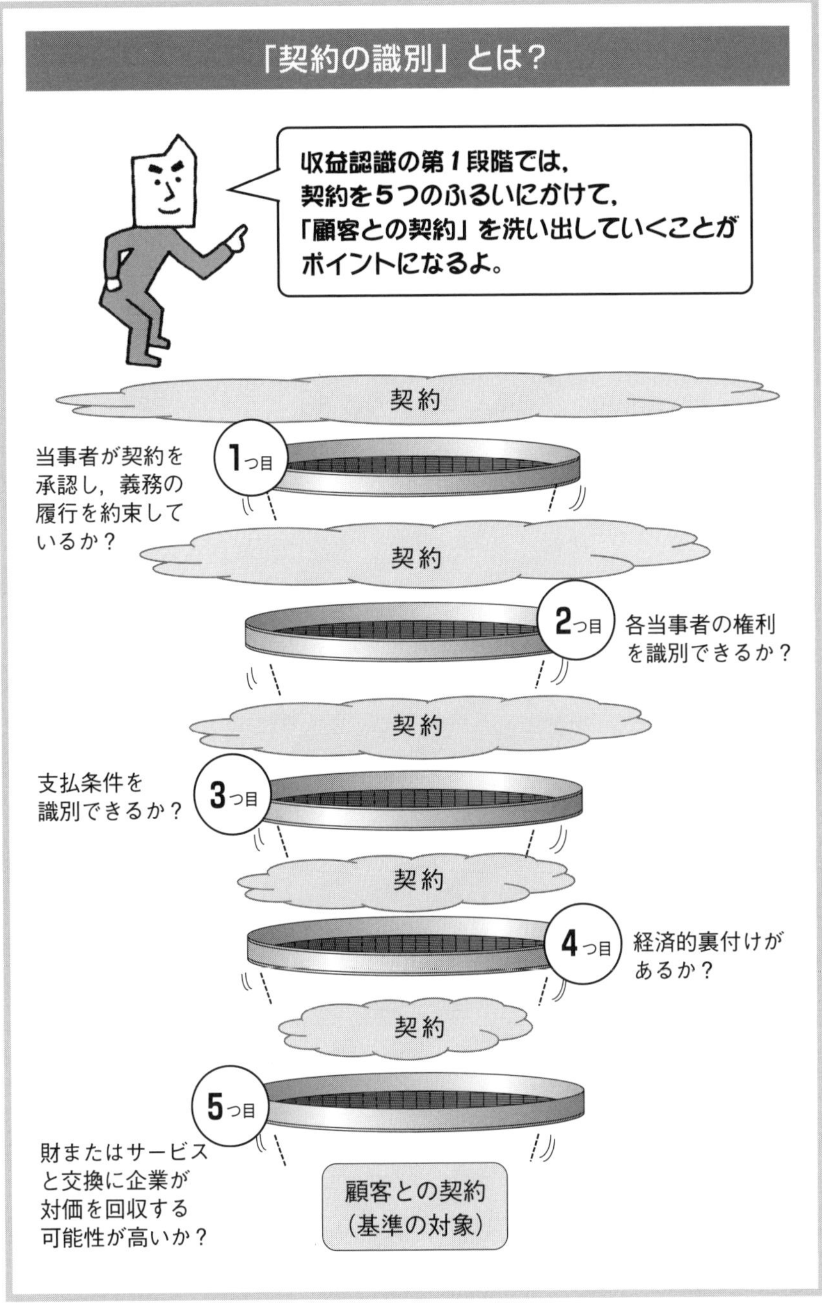
「契約の識別」とは？
収益認識の第1段階では，
契約を5つのふるいにかけて，
「顧客との契約」を洗い出していくことが
ポイントになるよ。
契約
1つ目
当事者が契約を承認し，義務の履行を約束しているか？
契約
2つ目
各当事者の権利を識別できるか？
契約
3つ目
支払条件を識別できるか？
契約
4つ目
経済的裏付けがあるか？
契約
5つ目
財またはサービスと交換に企業が対価を回収する可能性が高いか？
顧客との契約
（基準の対象）

# 2－4 収益認識のステップ2

**契約における履行義務を識別する**

**ステップ1**（**§2-3**）で認識された「顧客との契約」で，企業は財やサービスを顧客に移転，つまり提供する約束をしています。この約束のことを，収益認識会計基準では「**履行義務**」と呼んでいます（**§4-1**）。収益認識会計基準では，履行義務ごとに収益を認識するタイミングや計上の方法が異なるため（収益に関する会計処理が異なってくるため），このステップ2で，履行義務のパターンを適切に識別する必要があります。

識別される履行義務は，財やサービスの関連性に応じて下記の3つのパターンに分かれます（**§4-2**）。

⑴　別個の財またはサービス

財やサービスの相互依存性や相互関連性が弱く，単独で顧客が便益を享受できる財またはサービス

⑵　別個の財またはサービスの束

財やサービスの相互依存性や相互関連性が強く，まとまらないと顧客が便益を享受できない財またはサービス

⑶　一連の別個の財またはサービス

顧客が単独で便益を受けられるが，それぞれの特性が実質的に同じ，かつ，顧客への履行パターンが同じ財またはサービス

それぞれのパターンを識別する具体的な方法については，**§4**で説明します。

## 「履行義務の識別」とは？

**収益認識の第2段階は，**
**「顧客との契約」のなかに，**
**履行義務がいくつあるかがPointとなるよ！**
**履行義務は，3つのパターンに**
**分けることができるんだ。**

(1) **別個の財またはサービス：** 財やサービスの相互依存性や相互関連性が弱く，単独で顧客が便益を享受できるもの

例　振袖の販売と着付けサービス

相互依存性，相互関連性

(2) **別個の財またはサービスの束：** 財やサービスの相互依存性や相互関連性が強く，まとまらないと顧客が便益を享受できないもの

例　ビルの設計と建設

相互依存性，相互関連性

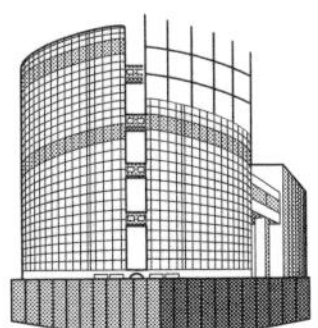

(3) **一連の別個の財またはサービス：** 顧客が単独で便益を受けられるが，それぞれの特性が実質的に同じ，かつ顧客への履行パターンが同じもの

例　定期清掃サービス

特性が同じ

履行パターンが同じ

# 2－5 収益認識のステップ3

## 取引価格を算定する

**ステップ3**では収益計上額の基礎となる取引価格を算定します。取引価格は，履行義務に配分される金額のため，重要なステップです。

取引価格とは，財またはサービスの買主への移転と交換に売主が受け取ると**見込む対価**です。注意すべき点は**取引価格と売価は必ずしも一致しない**ことです。

たとえば，売価に第三者のために回収する額が含まれることがあります（売主が代理人である場合や間接税）が，取引価格には第三者のために回収する額は含みません（**§5-2**）。

契約や見積書で売価が明示されていても，値引きや割戻，割引，販促費の補填，棚代等で，実入りが小さくなる場合があります。取引価格は実入りを考慮するため，必ずしも固定額にはなりません。「**見込む対価**」という表現にはこうした実入りの見積りの意味がこめられているのです。

取引価格を算定する際には，次のすべての影響を考慮することとされています。

| |
|---|
| (1) 変動対価 |
| (2) 契約における重要な金融要素 |
| (3) 現金以外の対価 |
| (4) 顧客に支払われる対価 |

## 「取引価格の算定」とは？

「顧客との契約」がいくらになるのかを考えるときには，いろいろな要素を考えないといけないんだね！

### 変動対価に該当する部分があるか？

通常は100円だけど，年間で1万個買ったら，遡及して90円にする契約だ…。

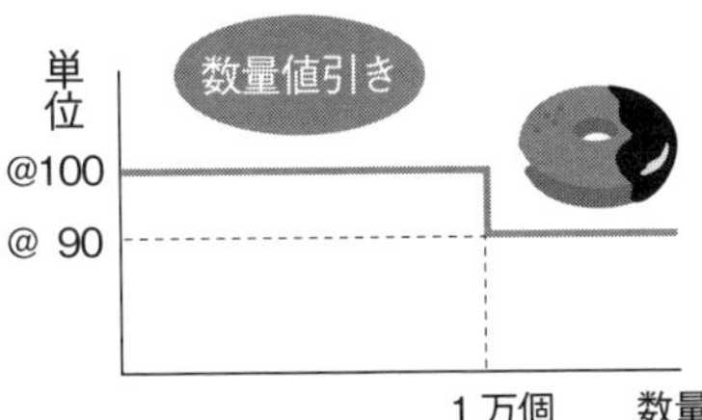


### 重要な金融要素が含まれているか？

車をローンで買ってもらったとすると，利子部分がどれくらいになるかな…

### 現金以外の対価があるか？

コンサルタントが，対価として現金のほか，ストック・オプションをもらった場合…

ストック・オプション

コンサルタント

### 顧客に支払われる対価があるか？

メーカーが小売チェーンに年間販売契約とともにキャッシュ・バックをする契約を結ぶ場合

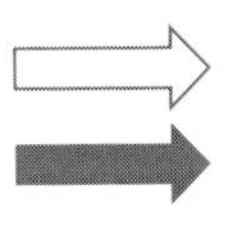

メーカー　キャッシュ・バック　小売チェーン

# 2－6 収益認識のステップ4

## 取引価格を各履行義務に配分する

契約の中に複数の履行義務がある場合，ステップ３で把握した**取引価格を**ステップ２で認識した**各履行義務に配分**します。各履行義務は，必ずしも同じタイミングで充足されるわけではなく，また，「一時点で充足されるもの」と「一定の期間にわたり充足されるもの」が混在している場合もあるからです。これが**ステップ4**の内容です。

たとえば，「機械と保守サービス」をセット販売した場合，機械は検収時点，保守サービスはサービス提供するに従い，収益を計上します。この際，機械と保守サービスのセット価格の配分が把握できていないと，会計処理ができませんね。ひらたくいうと，ステップ４とは，「サービスに係る**一連の販売価格を，各々のサービスに配分する**」手続きです。

配分は，会社が「権利を得ると見込む対価の額を描写するように」行います。基本的には，ばらで販売した場合の価格（以下，「**独立販売価格**」という）の比率に基づき，取引価格を配分するという考え方です。

**Check!　「権利を得ると見込む対価を描写するように」とは？**

ステップ3や4で頻出する表現ですが，どういうイメージでしょう？「権利を得ると見込む対価」というのは，値引きや変動価格等で確定しない場合があるためです。セット価格の場合は，内訳が明確でないこともあります。こうした未確定要素もありつつ，得られると見積もられる対価に近似するようにといった意味と考えられます。

## 複数の履行義務がある場合の価格のばらし方

セットで販売されても，別個の履行義務の場合，ばらして収益計上しなければならない。そのため，セット価格をばらす必要がある。

例：機械と保守サービス１年分を販売した場合の履行義務の充足状況と，収益計上のタイミング

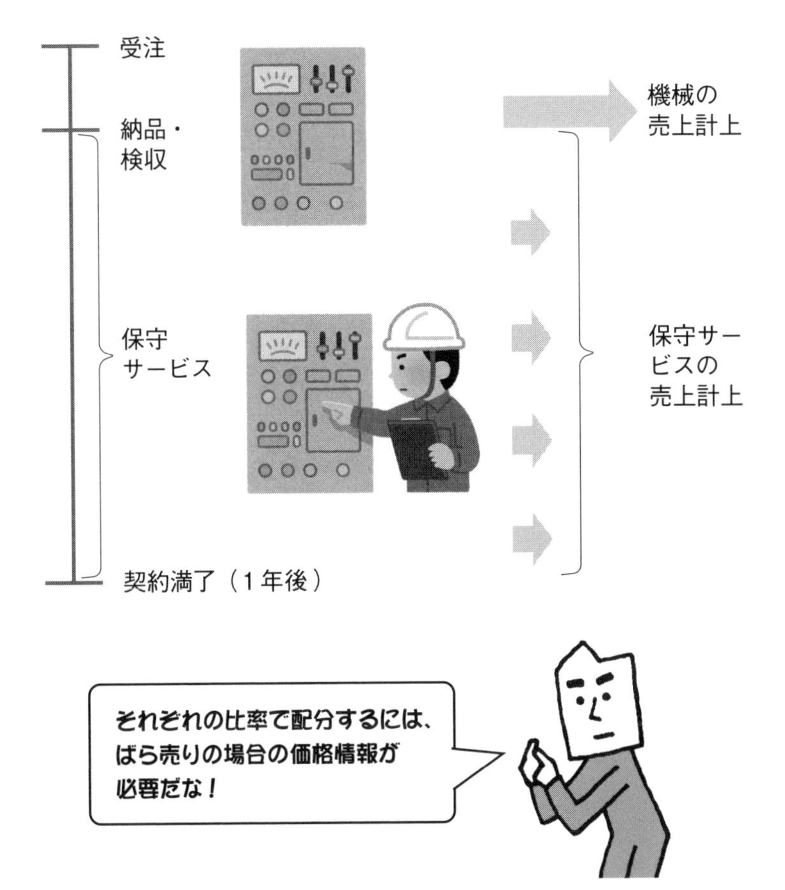

# 2－7 収益認識のステップ５

**履行義務の充足時に収益を認識する**

ステップ５では，収益を認識するタイミングを検討します。基本的な考え方は，「約束した財またはサービスを顧客に移転することによって**履行義務を充足した時にまたは充足するにつれて収益を認識**する」と整理されていますが，特に重要なポイントは以下の３点になります。

- 履行義務が，**一定の期間にわたり充足されるか否かを判定**する
- 一定期間にわたり充足される場合，**進捗度を合理的に見積もる**
- 一時点で充足される場合，**充足される時点**を決定する

まず**ステップ２**で識別した履行義務について，契約の取引開始日に履行義務が一定の期間にわたり充足されるものなのか，または一時点で充足されるものなのかを判定します。

**一定の期間にわたり充足する履行義務**については，履行義務の充足に係る進捗度を見積もり，進捗度に基づき収益認識を行います。

一方で，**一時点で充足される履行義務**については，**§4-7**で説明する５つの指標を考慮して，資産に対する支配が顧客に移転したタイミングで収益認識を行うことになります。

**Check!　進捗度を合理的に見積もることができない場合**

履行義務の充足に係る進捗度を合理的に見積もることができる場合にのみ，進捗度に応じて収益を認識しますが，進捗度を合理的に見積もれない場合（たとえば初期段階）でも，充足時に費用回収が見込まれる場合には，回収することが見込まれる費用額で収益を認識します。

## 収益を認識するタイミング

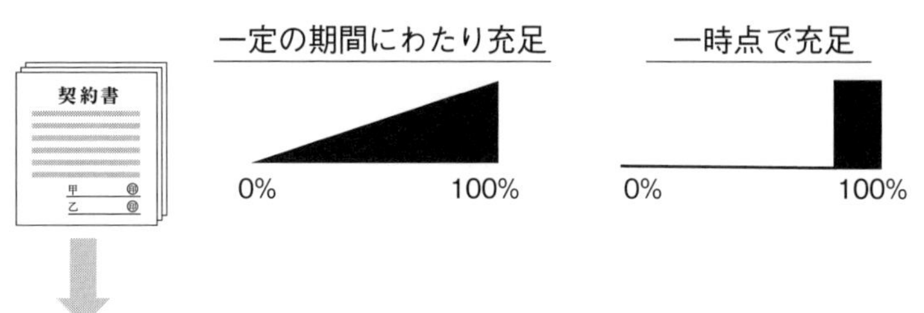


一定の期間にわたり充足される履行義務か
(以下の要件のいずれかを満たすか)
- 契約における義務を履行するについて，顧客が便益を享受する
- 契約義務の履行により資産価値が増大するにつれて，顧客がその資産を支配する
- 他に転用できない資産が生じ，完了部分の対価を収受する強制力のある権利を有する

いずれか YES → 一定の期間にわたり充足

履行義務の充足に係る進捗度を見積もることができるか

- できる → 進捗度に応じて収益を認識する
- できない → 履行義務の充足時に発生費用の回収が見込まれるか
  - 見込まれる → 回収見込み金額で収益を認識する
  - 見込まれない → 収益認識しない[注1]

いずれも NO → 一時点で充足 → 支配を顧客に移転した時点で収益を認識する

注1：履行義務が完了するか，進捗度を合理的に見積もれるようになるまで，収益認識できない。

COLUMN

## 収益認識会計基準の影響は業種により違う!?

収益認識会計基準の適用により，従来計上していた収益の金額（いくらで収益を計上するか），収益を認識するタイミング（いつ収益を計上するか）の2点が主に影響を受けることになります。経理をご担当されている方は，適用時の自社への影響が気になることでしょう。

影響は，業種により異なります。たとえば小売業でポイント制度を導入している場合，取引の当初の収益認識額が減少する可能性があります（§7-6）。また電化製品や自動車等に製品保証を付ける場合，これが品質保証型の保証でなく，保証サービスであると判断されると，販売時に売価の全額は，収益として認識できなくなります（§7-1）。

百貨店の場合，商品券を販売しています。従来は，販売分を前受金として計上し，使用された時点で収益に振り替え，未使用分に関しては，必要に応じて引当金計上という実務が見受けられました。しかし，収益認識会計基準適用後は，顧客による権利行使がされない可能性が高いか低いかで処理が異なってきます（§7-9）。

上記はほんの一例です。経理担当者は，収益認識会計基準適用が，自社のビジネスに係る会計処理に及ぼす影響を網羅的に検討する必要性があるといえますね。

# §3

## 収益認識のステップ1
# 顧客との契約を識別

収益を認識するためには，契約がなければ始まりません。契約とは何か，契約が変更された場合にはどのようにパターン分けされ，それぞれ会計上どのように取り扱われるのかをみていきましょう。

# 3－1 契約の結合とは？

**複数の契約を１つの契約とみなすこと**

契約書の単位には決まりがありません。そのため，複数の取引がある場合，１つの契約書にまとめるケースと複数に分けるケースがあり，契約書の取り扱いにより異なった会計処理が行われてしまうことがあります。これでは，同じ取引にもかかわらず，契約書を単一にするか複数にするかで収益の額や認識のタイミングが変わる可能性があります。

そこで，収益認識会計基準では，**同じ顧客**であり，**同時またはほぼ同じタイミング**で締結した契約で，下記要件のいずれかを満たす場合には，複数の契約を**「結合」したうえで会計処理**を行うことにしました。

⑴ 同じ目的であることを前提に，契約の話し合いがなされたこと
⑵ ある契約において支払われる金額が，他の契約の価格または履行に左右されること
⑶ それぞれの契約においてお互いに合意された財またはサービスが，単一の履行義務であること

たとえば，パソコンと有償のアフターサービスを提供する場合で，契約が分かれている場合を考えてみましょう。従来は，各契約額で，パソコンは販売時に，アフターサービスは時の経過に基づき，収益を認識していました。収益認識会計基準ではこれらの契約を１つにまとめて考え，改めて金額および収益認識のタイミングを検討することになります。

この結果，収益を認識する時期や金額が従来と異なる可能性があり，結合すべき契約がないかについて注意が必要です。

## 契約を合体する！

パソコン販売時にアフターサービスの契約を締結するケース

### ■従来の考え方

パソコンは1,000千円で，アフターサービスは200千円でそれぞれ会計処理する

契約A
内容：パソコンの販売
金額　1,000千円

別個の契約

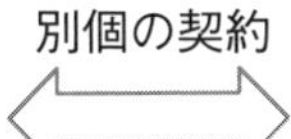

契約B
内容：アフターサービス
金額　200千円

### ■収益認識基準の考え方

左ページの(1)～(3)の要件いずれかを満たした場合には，パソコンの販売およびアフターサービスの契約を合体し1,200千円としたうえで，改めてそれぞれの金額を検討する

契約A
内容：パソコンの販売
金額　1,000千円

契約B
内容：アフターサービス
金額　200千円

合体して考える！

契約A＋B
内容：パソコンの販売
およびアフターサービス
金額　1,200千円

# 3－2 契約の変更とは

**変わるのは，範囲か価格か？ それとも両方？**

契約の変更とは，当初の契約内容の「範囲」または「価格」，あるいは「その両方」を変更することをいい，当事者がその変更に合意した場合に効力が発生するものです。

通常のビジネスを行う中で，契約の内容や仕様が途中で変更されることは珍しくありません。たとえば，契約当初は，商品のみの販売だったものが，アフターサービスが追加されたり，電話サポートだったものが出張サポートまで含められることはよくあります。また，長期にわたる建設工事で，人件費や資材の高騰により工事金額が変わる場合もあります。

では，具体的にどのようになるかを右ページのフローチャートで見てみましょう。

まず，契約変更について双方またはいずれかの承認が下りていない等で合意に至っていない場合（A）には，会計処理に変更はありません（§3-3）。合意に至り初めてどのような会計処理を行うことになるのか検討します。具体的には，「B　変更前の契約とは別個の契約として考えるもの（§3-4）」，「C　変更前の契約を解消して新たな契約を締結したものとして考えるもの（§3-5）」，「D　今までの契約の一部として考えるもの（§3-6）」に分けられ，それぞれ異なる会計処理が行われます。

収益認識会計基準では，形式的な側面ではなく，よりその取引の実態を表すような形で収益の認識を行うことを基本原則としています。

## 会計処理のフローチャート

当事者間で契約の変更は合意されているか？
ア　合意されている
イ　価格のみ合意に至っていない
ウ　当事者双方，または，一方の会社の承認が下りていない

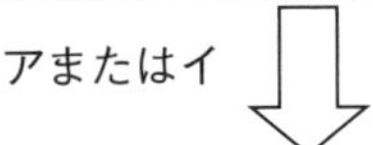

契約変更は，以下の**両方**を満たすか？
(1)　別個の財またはサービスにより，契約の範囲が拡大する
(2)　追加部分の価格に，独立販売価格に適切な調整を加えた金額の増額がある

A　会計処理に変更なし（§3-3 参照）

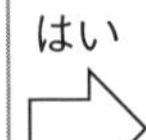


B　別個の契約を締結したものとして処理する（§3-4参照）

提供済みと未提供の財またはサービスは別個のものか

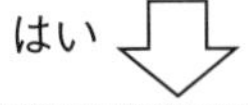

C　新しい契約を締結し直したものとして処理する（§3-5 参照）

D　今までの契約の一部として処理する（§3-6 参照）

**「価格のみが合意に至っていない」場合は，変更による取引価格を見積もったうえで，B・C・Dのいずれかの処理をするんだ。§3-3 も読んでね！**

（※）別個と別個でないものの組み合わせのケースもあり，この場合は，CとDの方法に基づいて，それぞれ処理する

# 3－3 変更が未確定の場合

## §3-2のフローチャートAに該当した場合

契約変更の交渉過程で，合意までに相当の時間がかかる場合があります。

たとえば，契約諸条件について，当事者の一方では社長決裁までおりているものの，もう一方の承認手続きに時間がかかることはよくある話です。また，内容・数量・時期は決まったが価格が決まらない場合もあるでしょう。

前者のように，当事者**双方の変更承認が得られない**ために合意に至っていない場合は，「契約の変更」には該当しないため，**従来通りの会計処理を継続して適用**することになります。

他方，後者のように価格以外の点については合意に至っている場合は，未定となっている部分が価格のみであることから，契約は変更されたものとして取り扱います。未確定の価格については，変動する取引価格を見積もり，その金額をもとに売上の金額を算定することになります（変動する取引価格を見積もる方法については，詳細は**§5**参照）。

## 契約の変更に当たるか否か

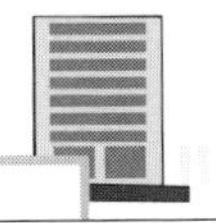

変更契約

承認待ち

内容：パソコンの追加発注
数量：100 個
納品時期：×× 年 3 月
金額：別途覚書

**「契約の変更」にはならないため，元の契約について，従来の会計処理を継続するんだね！**

変更契約

内容：パソコンの追加発注
数量：100 個
納品時期：×× 年 3 月
金額：別途覚書

**「契約の変更」になるため，会計処理を再検討する必要があるんだね！**

# 3－4 別個の契約を締結したものとして処理するケース

## §3-2のフローチャートBに該当した場合

当事者間の合意があり，契約の変更と判断された場合に，独立した契約として会計処理するのか，またはもとの契約を前提にして会計処理するのか，複数のパターンが考えられます。具体的には，以下のいずれの要件も満たす場合には，独立した契約として会計処理することになります。

> ⑴　別個の財またはサービスが追加されている（契約範囲の拡大）。
> ⑵　追加部分の価格は，単独で販売した金額に適切な調整を加えた金額分だけ増額されている。

契約が変更され，独立した契約であると判定された場合，両者は異なる取引であると考えられるため，双方を切り離して会計処理を行います。

たとえばパソコンの販売で，もとの契約がモデルAを150千円，Bを100千円で，追加でモデルCを100千円で販売する注文があった場合を考えてみましょう。モデルCの価格100千円が，もとの契約の有無にかかわらず単独で販売した価格と同程度である場合には，両者は独立した契約として処理します。

これに対し，もとの契約に追加したため，モデルCの価格が90千円となるような場合には，上記⑵の要件を満たさないことから，独立した契約とはみなされないことになります。

## 要件に当てはめてみよう！

**もとの契約**

内容：パソコンの販売
・モデルＡ：150千円
・モデルＢ：100千円

**追加契約**

（ア）　内容：パソコンの追加受注

（イ）　・モデルＣ：100千円

### ■要件（1）についての検討……（ア）

**モデルＡ・Ｂとは別に，モデルＣを新たに受注しているから，要件（1）の「別個の財が追加される」に該当するね。**

### ■要件（2）についての検討……（イ）

**変更した時点で，もとの契約がなかった場合でも，モデルＣが100千円で販売されるのであれば，要件（2）の「単独で販売した金額に適切な調整を加えた金額分だけ増額」に該当するね。**
**その結果，モデルＡは150千円，Ｂは100千円，Ｃは100千円の売上になるんだね。**

# 3－5 新しい契約を締結し直したものとして処理するケース

## §3-2のフローチャートCに該当した場合

契約の変更と判定されたものの，**§3-4**のいずれかの要件を満たさないため，当該契約が独立した契約として処理されず，また提供済みの財・サービスと提供されていない財・サービスとは**別個のもの**（**§4-3**参照）と判断される場合について考えてみましょう。

この場合，締結済みの契約を解約して，**新しい契約を締結したものと仮定**して処理されることになります。つまり，それまでの契約はその時点で終了したものとし，もとの契約の中にまだ履行されていない財・サービスがあれば，変更した契約に含めて会計処理を考えます。

右ページの例を考えてみましょう。追加注文があった段階では，モデルＡはすでに収益が計上されていますが，これを修正することはありません。他方，モデルＢについてはこれからの取引になるため，モデルＣの契約と合わせて，会計処理されることになります。モデルＣを単独で販売した場合と価格が異なるような場合には，契約書に記載された金額ではなく，モデルＢとモデルＣの金額を合算した上で，取引価格を配分します（**§6**参照）。

## 契約を解約して，新規締結するとは？

パソコンのモデルAとモデルBを販売する契約があり，モデルAの販売後，追加でモデルCの追加受注があった場合

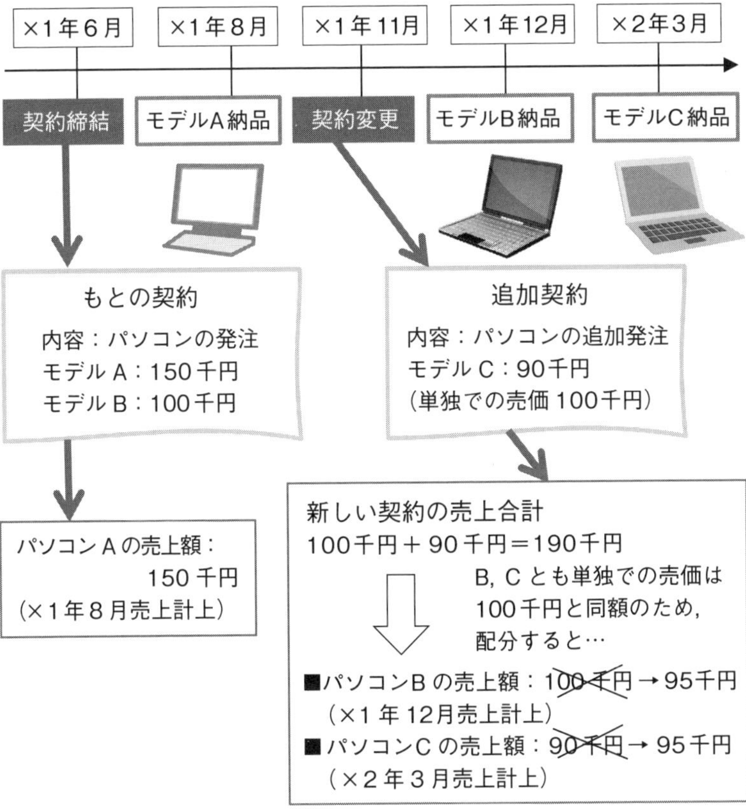

| ×1年6月 | ×1年8月 | ×1年11月 | ×1年12月 | ×2年3月 |
|---|---|---|---|---|
| 契約締結 | モデルA納品 | 契約変更 | モデルB納品 | モデルC納品 |

**もとの契約**
内容：パソコンの発注
モデルA：150千円
モデルB：100千円

パソコンAの売上額：150千円
（×1年8月売上計上）

**追加契約**
内容：パソコンの追加発注
モデルC：90千円
（単独での売価100千円）

新しい契約の売上合計
100千円＋90千円＝190千円
B, Cとも単独での売価は100千円と同額のため，配分すると…

■パソコンBの売上額：~~100千円~~→95千円
（×1年12月売上計上）
■パソコンCの売上額：~~90千円~~→95千円
（×2年3月売上計上）

**単独での売価と価格は異なるため，§3-4のように独立した契約にはならないんだね。その結果，締結済みの契約を解約して，BとCとを合計190千円で販売するという新しい契約を締結したものと仮定して処理するんだね！（取引価格の配分は§6参照）**

# 3－6 今までの契約の一部として処理する場合

§3-2のフローチャートDに該当した場合

**§3-5**と同様に，契約の変更であるとされたものの，その契約が独立した契約ではないとされるケースの２つ目を見てみましょう。

契約が変更されたものの，提供済みの財・サービスと提供されていない財・サービスとが**別個のもの**（**§4-3**参照）**ではない**と判断される場合には，**締結済みの契約の一部であると仮定**して処理されることになります。

この場合，締結済みの契約とこれからの契約は，過去からさかのぼって同じものとして捉えられることになります。つまり，両者をはじめから単一の契約であったかのように考えるとともに，すでに計上された収益を考慮して，これから計上する収益の金額を決定します。

住宅の建築の注文を例に考えてみましょう。建築の途中で防音室設置の追加依頼があり，請負額が増額されたとします。住宅全体を新築する場合，防音室の追加工事は，通常，住宅全体の工事の一部と考えれられます。その結果，これらは別個のものではない財・サービスの提供であると判断され，過去にさかのぼって，両方の契約を一体として捉え会計処理することになります。計上済みの収益がある場合には，過去の数値そのものは修正せず，その影響をこれから計上される収益で調整することになります。

上記の例でいえば，従来の工事進行基準と同様の処理を行うということになります。

## 収益を累積的な影響に基づき修正！

**もとの契約**

契約日：×× 年 1 月
内容：住宅の建築
受注額：20,000 千円
見積工事原価：14,000 千円

**追加契約**

契約日：×× 年 4 月
内容：防音室の設置
受注額：5,000 千円
見積工事原価：2,500 千円

**一体とされた契約**

内容：住宅の建設＋防音室の設置
受注額：25,000 千円
工事見積額：16,500 千円

前提：決算日である3月31日までに原価5,600千円発生（工事進捗率40%）。その後，第1四半期である6月30日までに累計で原価14,850千円発生した場合（追加契約後の工事進捗率90%）

| | 3月31日PL<br>① | 6月30日（累計）<br>② | 6月30日PL<br>③＝②－① |
|---|---|---|---|
| 売上 | 8,000 | 22,500 | 14,500 |
| 売上原価 | 5,600 | 14,850 | 9,250 |
| 利益 | 2,400 | 7,650 | 5,250 |

| | | |
|---|---|---|
| 見積工事原価 | 14,000 | 16,500 |
| 進捗率 | 40% | 90% |

**追加契約後の原価見積額16,500千円をもとに，工事の進捗率を見積もり，累計の収益（②）を計算して，そこからこれまで認識した収益（①）を差し引いて，6月30日に計上すべき収益（③）を計算するんだね。**

COLUMN

## 利益があるのに倒産してしまう？

毎年増収増益をしている会社と聞けば，財務体質が安全で，安定した会社であると想像するでしょう。一般的にはそうですが，利益が計上されている会社であったとしても，倒産してしまうケースがあります。これを「黒字倒産」といいます。

黒字倒産は「売上や利益はあるけどお金がない」ことが原因です。たとえば，売掛金の回収サイトが６ヶ月，仕入先に対する支払サイトが４ヶ月である場合を想定してみましょう。この場合，入ってくるお金より支払うお金の方が早いため，支払いに備え，借入等により資金を確保しておく必要がありますが，うまく調達できない場合があります。

逆にどんなに大きな赤字であっても，資金さえ確保できれば，事業を継続することができます。このことから，会社にとって，会計上の利益ではなく，「お金」がいかに大事であるかがわかります。

通常，新しいお客さんと取引を始める際には，与信調査を行いますが，この場合，利益が計上されていれば問題なしとするのではなく，回転期間分析等により，回収・支払サイトはどの程度か確認した上で，会社の支払能力を判断する必要がありますね！

# §4

## 収益認識のステップ2と5

# 契約における履行義務と収益認識

収益認識のステップ1で顧客との契約を認識した後，ステップ2で契約における履行義務を識別します。ステップ2の履行義務の識別は，履行義務の充足に伴って収益を計上するというステップ5と密接に関係します。

そこで§4では，履行義務とは何かについて，履行義務のパターン別に確認するとともに，履行義務のパターンに応じてどのように収益認識するのかについて解説します。

# 4－1 ステップ2では履行義務を識別する

**企業は何を「履行」する義務を負うのか**

企業は**契約**で対価と交換に**財の引渡しやサービスの提供**を約束します。たとえば，企業は代金を受け取る代わりに，製品や商品を顧客に引き渡し，または，清掃や設備メンテナンスなどのサービスを行います。

履行義務とは，このように**契約で義務付けられた約束**（財またはサービスの顧客への提供）です。契約には，契約書という書面として締結されたものだけではなく，口頭の約束や，店で値札の価格で顧客に商品を売るといった**取引慣行等**も含まれます。

顧客との契約で明らかにされるのは，一般に，提供する財やサービスのことです。しかし，履行義務はこれに限定されない場合があります。契約締結時に顧客が，取引慣行や公表した方針等から合理的と認められる期待を抱いた場合（例：配送無料サービスの貼り紙をしている場合，無料配送サービスを期待する），期待に対応する財やサービスが履行義務に含まれることになります。

**Check!　履行義務に含まれない業務**

契約締結活動や契約管理業務は，契約を履行するために必要ですが，これにより顧客に財やサービスが移転するわけではないので履行義務には含まれません。たとえばスポーツクラブでは，契約に係る活動のコストに充足するために入会手数料を請求する場合があります。しかしこれは契約に対する報酬ではありません。

## ステップ2では，まず履行義務を見つける

売主は対価を受け取る代わりに，「何か」を顧客に提供する義務がある。実務上ではさまざまな契約があることから，その「何か」＝履行義務を特定する必要がある。

**まずは，契約書のチェックだね。**
**でも契約書を作成しない取引もあるよ。**
**そういう場合は口頭や取引慣行，公表した方針等によって合意されている事項がないかの確認も必要だね。**

### ■たとえば，店頭での販売（通常，契約書は取り交わさない）の場合

売主の履行義務は…

値札の価格で，財やサービスを提供する（取引慣行から）

売主 → 顧客

5,000円以上買い物した顧客から要請があれば，無料配送する（「配送無料」という貼り紙から）

# 4－2 ステップ2とステップ5のポイントは？

「財またはサービスの関係性」と「履行義務の充足パターン」に注目

企業の取引は多様であり，一つひとつの会計処理を示すには，膨大なルールが必要です。収益認識会計基準は，原則主義（原理原則を示し，解釈や運用を企業に任せる方法）のIFRS第15号をベースとし，提供する財またはサービスの関係性や履行義務の充足状況のパターンから，会計処理を示します。

### ① 財またはサービスの関係性

収益認識会計基準の下では，顧客との契約に複数の財やサービスの提供が含まれる場合，それぞれがどのような関係かを検討します。関係性は以下の3パターンあり，収益は，このまとまりで認識します。

| |
|---|
| A　財またはサービスの相互依存性や相互関連性が弱く，単独で顧客が便益を享受できるもの（**別個，§4-3**）<br>B　財またはサービスの相互依存性や相互関連性が強く，まとまらないと，顧客が便益を享受できないもの（**別個の束，§4-3**）<br>C　顧客が単独で便益を受けられるが，それぞれの特性が実質的に同じ，かつ，顧客への履行パターンが同じもの（**一連の別個，§4-4**） |

### ② 履行義務が一時点で充足されるか，充足が一定期間にわたるか

財を売却するような契約の多くは，履行義務が引渡し時点，つまり一時点で充足されます。一方，一定期間継続的にサービスを提供するような契約の場合，履行義務の充足は一定の期間にわたると考えます。

## 履行義務のパターンで会計処理が決まる

履行義務は，「財またはサービスの関係性」と「履行義務の充足状況」という視点で分けられる。会計処理は，これらのパターンで決まる。

| | | 履行義務の充足状況 | |
|---|---|---|---|
| | | 一時点で充足される | 一定期間にわたる |
| 財またはサービスの関係性 | 別個または別個の束 | 例：<br>商品の販売<br>美容院やマッサージ | 例：<br>（顧客の土地の上における）建物建設，受注制作のソフトウェア |
| | 一連の別個 | | 例：<br>定期清掃サービス |

財またはサービスが別個または別個の束，かつ，履行義務が一時点で充足される取引➡財またはサービスに対する支配が顧客に移転した時点で収益を計上する（§4-7）。

財またはサービスが別個または別個の束，かつ履行義務の充足が一定期間にわたる取引➡別個または別個の束の単位で進捗度に応じて収益を計上する（§4-9）。

財またはサービスが一連の別個，かつ，履行義務の充足が一定期間にわたる取引➡財やサービスを一括りにし，進捗度に応じて収益を計上する（§4-9）。

履行義務のパターンを
判断するのは
会計処理に関係する
からなんだね。

# 4－3 財またはサービスが別個であるとは？

## 財またはサービスが別個の履行義務であると判断する基準

財またはサービスが**別個**となるかについて，基準では，以下の２つの指標を示し，これらを共に満たす場合，別個となるとしています。

> (1)　その財またはサービスが別個のものとなる可能性があること
> (2)　その財またはサービスを顧客に移転する約束が，契約の観点で，別個のものとなること

(1)は，顧客がその財またはサービスを単独で（または容易に入手可能な他の資源と組み合わせ）使用・消費・売却・保有できることです。

(2)は，財またはサービスを個々に移転するのか，それらの要素を結合した後の財またはサービスを移転するのかで判断します。

(1)(2)を検討した結果，単独の財またはサービスで別個と識別できない場合，別個の束と識別するまで，財またはサービスを結合していきます。

たとえば，右ページのケースで考えてみましょう。「畳の表替え」や「障子の張り替え」は，それぞれ２要件を満たしています。つまりこの２つのサービスはそれぞれ別個の履行義務と考えられます。

一方，建設工事の工程である設計・基礎工事・建物建設のそれぞれは，２要件のうち，(1)を満たします（例：設計のみ提供するサービスもある）が，(2)は満たしません。顧客には設計，基礎工事，建物建設それぞれを移転するのではなく，設計・基礎工事・建物建設という工程（インプット）を経て完成した建物（アウトプット）を移転するのです。このため，契約全体の財とサービスを結合させ，別個の束と認識します。

## 財またはサービスが別個か否か

別個になるか否かは，左ページ(1)(2)の２要件を満たすか否かで判定される。

### ■ケース１　畳の表替えと障子の張り替えサービスの場合

| | 畳の表替え | 障子の張り替え |
|---|---|---|
| (1) | ○ | ○ |
| (2) | ○ | ○ |

畳の表替えと障子の張り替えサービスは，別個と判断される

### ■ケース２　建物請負工事契約の場合（設計，基礎工事，建物建設等，複数の財やサービスが含まれる）

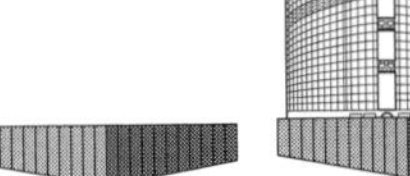

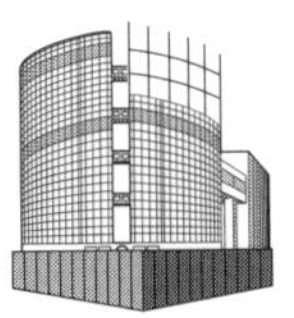

| | 設計 | 基礎工事 | 建物建設 |
|---|---|---|---|
| (1) | ○ | ○ | ○ |
| (2) | × | × | × |
| | 工事全体で○ | | |

工事の各工程は別個ではなく，建物工事全体で別個の束となる

**(2)が×になる例としては，下記もあるよ。参考にしてね！**

■契約に含まれている財またはサービスに対し著しい仕様変更または顧客仕様化を行う財またはサービスである。または逆に，他の財またはサービスにより著しい仕様変更または顧客仕様化がなされる財またはサービスである。

■契約に含まれている財またはサービスと相互依存性ないし相互関連性が高い。

# 4－4 財またはサービスが一連の別個とは？

## 一連の別個と判断する基準

収益の会計処理は別個の財またはサービスごとに行うことが原則ですが，下記(1)(2)のいずれをも満たす場合，複数の別個の財またはサービスを**一連の別個**として認識し，一括りで会計処理を行うことになります。

> (1) 複数の財またはサービスの**特性**が実質的に同じ
> (2) 複数の財またはサービスを**顧客に移転するパターンが同じ**（パターンが同じとは，下記をともに満たす場合）
> (2)-1 一定期間にわたり充足される履行義務の要件（§4-5）を満たす
> (2)-2 履行義務の充足に係る進捗度の見積りに同一の方法（§4-10）が使用される

たとえば，定期清掃サービスは，日々の清掃サービスにおける特性が同一であることから(1)の条件を満たします。また，(2)-1の要件と，(2)-2の要件をともに満たす（右ページ参照）ことから，財またはサービスの顧客への移転パターンが同じという(2)の条件を満たします。このようにして，定期清掃サービスは，一連の別個であると判断されることになります。

## 一連の別個となる財またはサービス

**【前提】** 定期清掃の場合

**Check 1**　複数の財やサービスそれぞれの特性が実質的に同じか？

6月1日

6月2日

6月3日

**定期清掃サービスでは，毎回のサービス内容は同じだね。毎回のサービス内容が違う場合は，該当せず，一連の別個とならないよ。**

**Check 2**　複数の財やサービスを顧客に移転するパターンが同じか？
（＝(2)-1 と (2)-2 の条件を満たすか？）

(2)-1
一定期間にわたり充足される履行義務の条件を満たす

清掃という履行義務を果たすにつれ，顧客が便益を受け取る。➡§4-5(1)に該当し，条件を満たす。

(2)-2
進捗度の見積りに同一の方法が使用される

進捗度は，経過期間という同一の方法が使用される。
➡条件を満たす。

**Check1・2 のいずれをも満たすため，「一連の別個」となる**

# 4－5 ステップ５では履行義務の充足時に収益を認識する

## 履行義務の充足が一時点か一定期間かの判断基準

収益認識会計基準では，履行義務の充足が一時点か一定期間かの判断に関し，次の**いずれかに該当する場合は一定期間，いずれにも該当しない場合は一時点**であるとされます。

| 要　件 | 例 |
|---|---|
| (1)　企業が履行義務を果たすにつれ，顧客が便益を受け取る。 | 定期清掃サービスやソフトウェアのメンテナンス |
| (2)　企業が履行義務を果たすことで，資産が生じるか資産価値が高まり，顧客が資産を支配する。 | 顧客の土地にビルを建てる場合 |
| (3)　企業が履行義務を果たすことで別の用途に転用できない資産が生じ，履行部分の対価を受け取る権利が生じる。 | 受注制作のソフトウェアの開発<br>特殊仕様の設備の製造 |

※下線部の解釈については，§4-6を参照。

履行義務の充足が一時点の場合は，一時点で収益を認識し（詳細は§4-7，§4-8参照），一定期間にわたる場合，履行義務の進捗度に従い収益を計上する（詳細は§4-9，§4-10参照）ことになり，収益計上時期が変わります。したがって，いずれに該当するかを慎重に判断することが必要です。

## 履行義務の充足が一定期間にわたる例

**(1)の例**：定期清掃サービス

6月1日

6月2日

6月3日

**定期清掃サービスのように，日常的または反復的なサービスは，履行義務の充足が一定期間にわたる典型例なんだ。**

**(2)の例**：顧客の土地にビルを建てる場合

**建設中のビルは，仕掛品でも，顧客の土地の上という特殊な状況のため，顧客が資産を支配することになるんだ！**

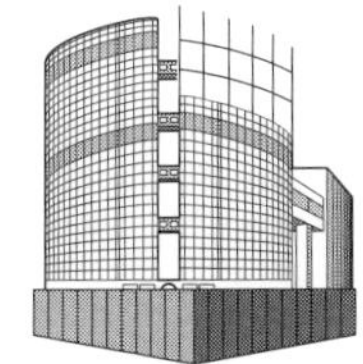

**(3)の例**：ソフトウェアの開発

**顧客仕様のソフトウェアを他の顧客用に転用するのは大幅な手直しを必要とするから難しいね。**

（※）履行義務の対価を受け取る権利が生じるか否かは，契約内容による。なお，改正民法では，開発が中断した場合でも顧客に支払義務があると明文化された。

# 4－6 履行義務充足判定の留意事項

**判定の語句の解釈に注意！**

履行義務の充足が一時点か一定期間かの判定（§4-5）における語句の解釈を収益認識会計基準では下記のように説明しています。

**⑴ 企業が履行義務を果たすにつれ，顧客が便益を受け取るとは**

企業が履行義務を完遂せず，残りの履行義務を他の企業が行うと仮定した場合に，その時点までになされた作業を**大幅にやり直す必要がない場合**が該当する。

**⑵ 顧客が資産を支配するとは**

資産の使用に対する指図権と便益を享受する能力のほとんどが移転しているかで判断する。

**⑶-1 別の用途に転用できないとは**

契約上または実務上で転用が制約されている場合で，たとえば下記のようなケースなどが該当する。

特定顧客の特殊な仕様で制作されるため，他の用途に転用するには多額の損失が生じる，または大幅に値下げしなければ販売できないケース

なお，別の用途に転用することができるか否かは，**取引開始日に判断**し，重要な契約変更がある場合を除き**見直しは行わない**。

**⑶-2 履行部分の対価を受け取る権利が生じるとは**

履行部分について対価を受け取る権利の有無の判断は，契約内容だけではなく，法令や判例や取引慣行なども考慮する必要がある。

## 履行義務の充足が一定期間と判断する留意事項

(1)　企業が履行義務を果たすにつれ，顧客が便益を受け取るとは？

➡企業が履行義務を果たさず，他の企業が引き継いだ場合も，大幅なやり直しが生じないこと

6/14までの清掃業者　　6/15からの清掃業者

(2)　顧客が資産を支配するとは？

➡①資産の使用に対する指図権と②便益を享受する能力が移転していること

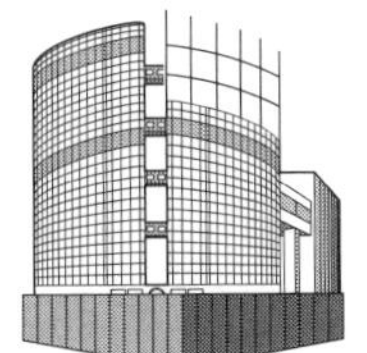

〔顧客の土地の上の建物の建築の場合〕

- 顧客は設計仕様の変更ができる（①を満たす）
- 中途解約しても，建設途中の建物の所有権は顧客のもの（②を満たす）

(3)-1　別の用途に転用できないとは？

➡契約上または実務上，転用が制約されていること

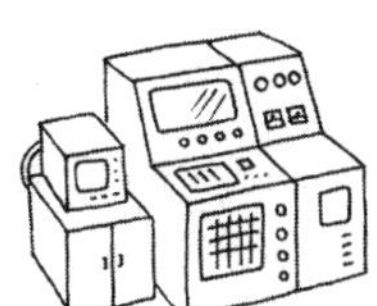

**顧客仕様の機械などは，**
**転用するのは無理だなぁ。**

(3)-2　履行部分について対価を受け取る権利があるか？

➡契約条件や関連する法律を考慮する

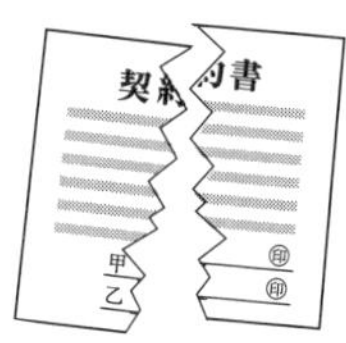

**途中解約の場合も，**
**履行部分に対応する対価を**
**受け取る旨，特約を付けた**
**から大丈夫だよ！**

# 4－7 一時点で充足される履行義務の収益認識①

## 支配の移転時点検討の考慮事項

一時点で充足される履行義務に関する取引については，資産に対する**支配が顧客に移転した時点**で収益を計上します。資産に対する支配が「いつ」顧客に移転したかについては，次の５つの指標例を検討して決定することになります。

(1) 顧客が資産を**物理的に占有**しているか

資産を支配しているからこそ資産を物理的に占有できると考えられるため，支配の移転時点の判断基準になります。

(2) 顧客が資産を**検収**したか

顧客が資産を検収することにより，契約で合意された仕様に従っていることを確認されたと解釈されるため，その時点以降は資産を支配していると考えられます。

(3) 顧客が資産に対する**法的所有権**を有しているか

法的所有権を有している場合，資産の支配が法的に認められていることになります。

(4) 企業が取引の**対価を受け取る権利**を有しているか

資産が顧客に移転しているからこそ，取引の対価を得る権利が発生しているものと考えられます。

(5) 顧客が資産から生じる**リスクを負い経済価値を享受**しているか

顧客が資産を支配しているからこそ，その資産から生じるリスクを負い，経済価値を享受できると考えられます。

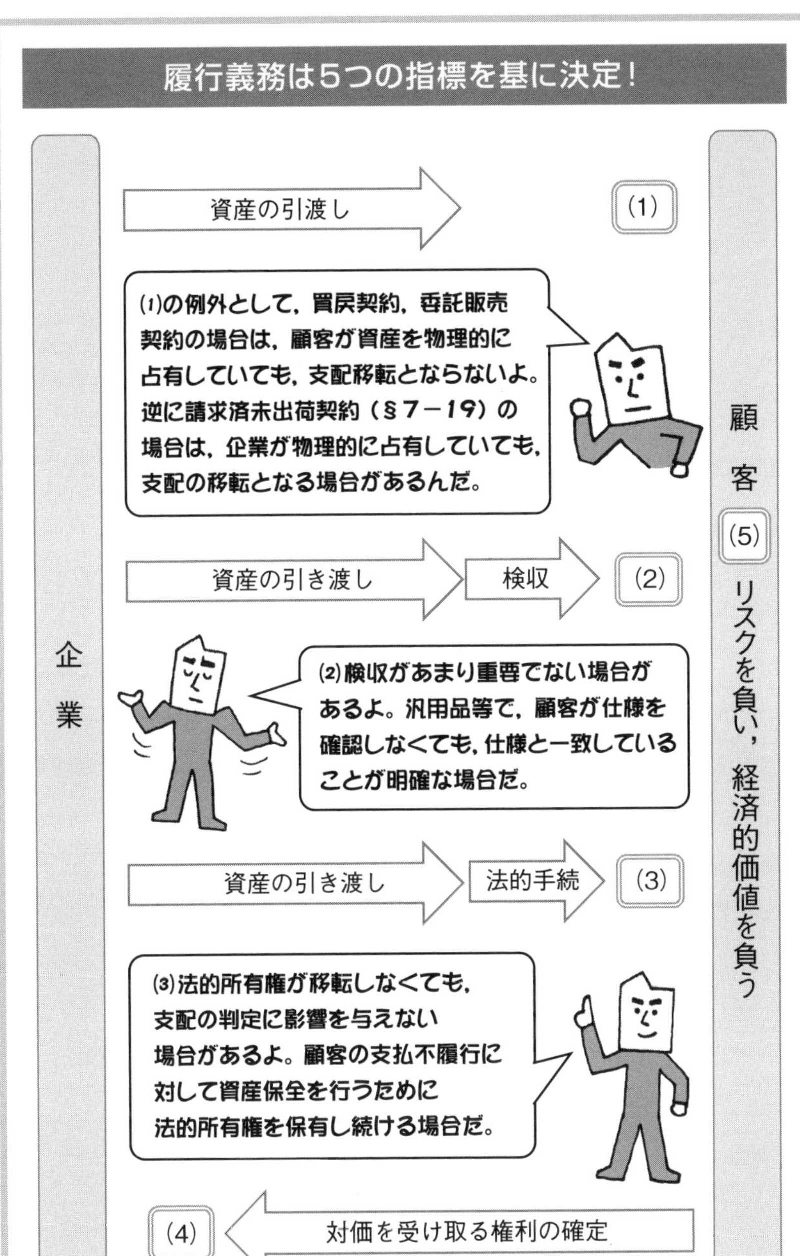
履行義務は5つの指標を基に決定！
企業
顧客
(5) リスクを負い，経済的価値を負う
資産の引渡し
(1)
(1)の例外として，買戻契約，委託販売契約の場合は，顧客が資産を物理的に占有していても，支配移転とならないよ。逆に請求済未出荷契約（§7－19）の場合は，企業が物理的に占有していても，支配の移転となる場合があるんだ。
資産の引き渡し
検収
(2)
(2)検収があまり重要でない場合があるよ。汎用品等で，顧客が仕様を確認しなくても，仕様と一致していることが明確な場合だ。
資産の引き渡し
法的手続
(3)
(3)法的所有権が移転しなくても，支配の判定に影響を与えない場合があるよ。顧客の支払不履行に対して資産保全を行うために法的所有権を保有し続ける場合だ。
(4)
対価を受け取る権利の確定

# 4－8 一時点で充足される履行義務の収益認識②

## 買戻契約の場合の会計処理

**資産を買い戻す義務や権利が付随する契約**の場合，顧客に資産を引渡しても，顧客が資産の支配を獲得しているとは言えません。このような場合，収益はどう認識すべきでしょうか？ 買戻価格が当初の販売価格より低いか高いかで会計処理が異なってきます。

### ■ 買戻価格＜当初の販売価格の場合（右ページのB）

Ｂの経済的実態は，販売価格と買戻金額の差20をリース料とするリース取引（期間：３年）と考えられます。このように当初の販売価格より低い金額で資産を買い戻す義務や権利が付随する場合，経済的実態が賃貸借取引であると考えられることから，リース取引として会計処理を行うことになります。

### ■ 買戻価格＞当初の販売価格の場合（右ページのC）

Ｃの経済的実態は，商品を担保として引き渡すことによって100の借入れを行い，1か月後に利息５を付け返済する取引と考えられます。このように資産を当初の販売価格以上の金額で買い戻す義務や権利が付随する場合，経済的実態が金銭消費貸借契約であると考えられることから，金融取引として会計処理を行うことになります。

なお，買戻条件が付いている場合でも，ある条件下では，返品権付販売とされることがあります。これについては§7-17で解説します。

## 買戻契約がある場合の支配移転時点とは？

### A　買戻契約がない場合

➡支配移転時点＝資産を引き渡した時点，顧客が検収をした時点等

### B　買戻契約（企業に販売価格より低い金額で買い戻す義務や権利）がある場合

**3年間，ブルドーザーを売却額と買戻し額の差20で貸していたのと同じで，実質的には売買取引でない。だから，リース取引として会計処理すべきなんだ！**

### C　買戻契約（企業に販売価格より高い金額で買い戻す義務や権利）がある場合

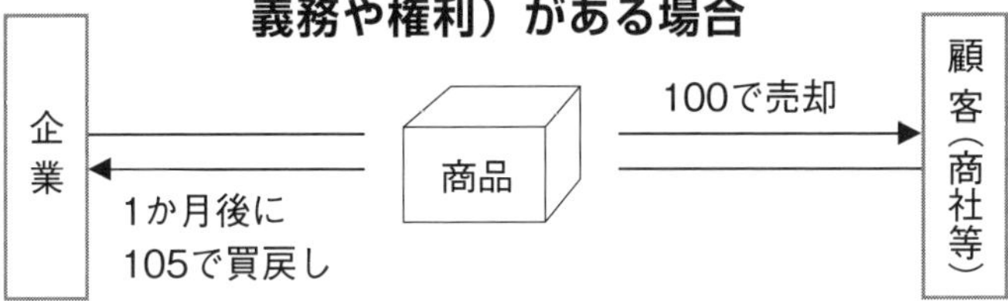


**商品を担保にお金を100借りて1か月後に利息を5付けて返済する取引と実質的には同じだから売買取引でない。だから金融取引として会計処理すべきなんだ！**

# 4−9 一定期間にわたり充足される履行義務の収益認識

## 進捗度の測定と収益の額の算定

履行義務が一定期間にわたり充足されるような取引では，収益は，進捗度に応じて計上します。つまり，すべての**履行義務が完了しなくても履行に従い収益が計上される**ということですが，**進捗度を合理的に見積もれる**ことが条件とされます。進捗度を合理的に見積もれない場合は，履行義務が完了するか，進捗度を合理的に見積もれるようになってはじめて収益が計上されます。なお，進捗度を合理的に見積もれない場合も，履行義務を充足する際の費用の回収が見込める場合には，回収が見込まれる費用の額で収益を認識します（原価回収基準）。ただし，契約の初期段階では原価回収基準を適用しないことも認められています。

たとえば，顧客の土地に建物を建設する取引の場合，工事の進捗に応じて工事原価が発生していると仮定すると，建設工事の進捗度は，総工事原価に対する既に発生した費用の発生の比率で見積もることができます。この進捗度に請負金額を乗じた額が収益累計となるので，これから収益計上額を算定することができます。

**Key Word　原価回収基準**

原価回収基準とは，履行義務の充足に係る進捗度を合理的に見積もることができない場合の収益認識方法です。具体的には，進捗度を合理的に見積もることができる時点まで，履行義務を充足する際に発生する「収益で回収することが見込まれる費用の額」に基づき収益を認識します。

## 進捗度の測定と収益の額の算定方法

**【前提】**

X社はビルの建設を300億円で請け負った。工事期間はX１期～X３期の予定で，X１期末における工事原価総額の見積りは250億円，X１期末までに発生した工事原価は50億円である。X１期の進捗度，および，X１期に計上する収益の額はいくらになるか？

**工事の進捗に応じて，費用が発生するから，工事原価で進捗率を見積ろう！**

| | X１期 | 総額 |
|---|---|---|
| 工事原価 | 50 | 250 |
| 進捗度 | 20%（※1） | 100% |
| 工事収益 | 60（※2） | 300 |

（※1）20％＝50÷250
（※2）60＝300×20%

**X１期末時点で，進捗度は20%だから，契約した対価に20%をかけると，X１期で計上すべき収益が算定されるんだ！**

# 4−10 進捗度の測定方法

## アウトプット法とインプット法

履行義務の進捗度の見積方法には**アウトプット法**と**インプット法**があります。履行義務の対象となる財またはサービスの性質を考慮して適切な方法を決定します。なお，類似の履行義務や状況においては首尾一貫した方法を適用する必要があり，進捗度の見積方法を恣意的に変更することは認められません。

### ■アウトプット法

アウトプット法とは，履行義務の対象となる財またはサービスの**顧客にとっての価値**を見積もり，移転済みの部分と残存部分の財またはサービスの比率に基づき収益を見積もる方法です。使用される指標には，経過期間や生産・引渡単位数，達成した成果やマイルストーンなどがあります。

### ■インプット法

インプット法とは，**収益を獲得するために必要な生産要素**をインプットとして捉え，履行義務を完全に充足するために予想される**すべてのインプットと既に費消されたインプットの合計に占める割合**に基づいて収益を見積もる方法です。使用される指標には，発生したコスト（金額）や資源量，労働時間，機械使用時間，経過期間などがあります。

発生したコストを指標とする場合には，進捗度に寄与しない場合（著しく非効率な作業に起因するコスト）や，進捗度に比例しない場合のコストを適宜修正をすることが必要です。

## インプット法とアウトプット法

進捗度の見積りには，インプットで測定する方法と，アウトプットで測定する方法がある。

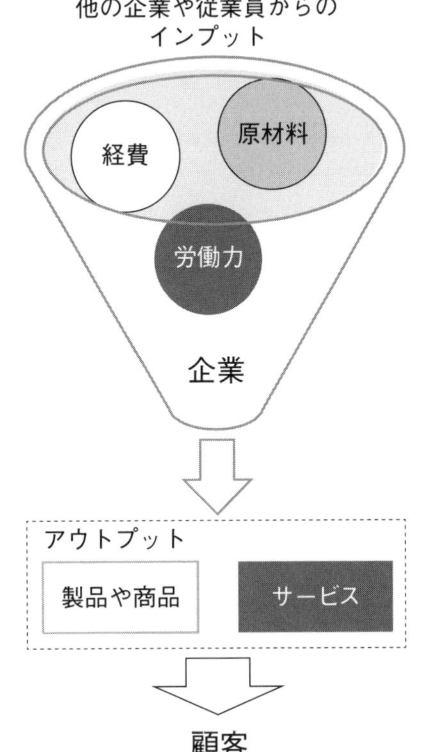


〈インプット法の指標〉

- 消費した資源
- 発生した労働時間
- 発生したコスト
- 経過期間
- 機械使用時間　等

〈アウトプット法の指標〉

- 現在までに履行を完了した部分の調査
- 達成した成果の評価
- 達成したマイルストーン
- 経過期間
- 生産単位数
- 引渡単位数　等

**生産過程のコストでも，重要なイレギュラーなコストは，進捗度を適切に表さない。**
**だから，進捗度に入れてはだめなんだ。**

COLUMN

## 誤った会計処理の代償

もし誤謬や不正で誤った会計処理を行ってしまい，その影響が財務諸表の利用者（投資家や株主など）の意思決定に与えた影響が重要であると判断される場合，誤謬が発生した過去の財務諸表に遡って財務諸表を修正（遡及修正）する必要があります。重要性は，企業のおかれた状況によっても異なりますが，損益への影響額（累積的影響額）や損益の趨勢などの金額的な重要性と，企業の経営環境や誤謬が生じた原因などの質的重要性を考慮する必要があります。

上場会社において財務諸表の遡及修正が行われる場合，過年度の有価証券報告書に関する訂正報告書を提出する必要がある他，そのような財務諸表の間違いを内部統制によって防ぐことができなかったことから，内部統制に（重要な）不備があったことを報告するなど社会的にマイナスの影響が生じます。

誤った会計処理を行うことのないように，今回の収益認識に関する会計基準の導入の際には企業内の収益認識を網羅的に再検討し，適切な会計処理を行うようにする必要があります。

# §5

## 収益認識のステップ3

# 取引価格を算定する

収益認識のステップ1で顧客との契約を認識，ステップ2で契約における履行義務を識別しました。ステップ3では具体的な収益計上額の基礎となる取引価格を算定します。

ここでは，取引価格を算定する上での考慮要素について説明します。

# 5－1 取引価格とは①

## 取引価格の考慮要素

取引価格とは，財またはサービスの顧客への移転と交換に売主が受け取ると見込む対価です。取引価格の算定では，以下のすべての要素を考慮します。

(1) 変動対価：§5-3～§5-5
(2) 契約における重要な金融要素：§5-6，§5-7
(3) 現金以外の対価：§5-8
(4) 顧客に支払われる対価：§5-9

従来の日本では，実現主義に従い収益認識をしてきましたが，取引価格の算定について詳細なルールは設けられていませんでした。対して，収益認識会計基準では，上記のように詳細な考慮要素が定められています。また，取引価格の算定にあたっては，契約条件のほか，取引慣行も加味します。これらにより収益の額が従来と大きく変わる可能性があります。たとえば，従来は販売費および一般管理費や営業外費用で処理していた部分を収益の控除とする，あるいは，値引き取込みのタイミングが変わるといったことにより収益の計上額が変わります。

なお，取引価格算定時に，契約の取消・更新・変更が交渉されている場合も，算定には確定済みの契約条件のみを織り込みます。売主が有する権利は確定した契約に基づく対価のみで，交渉中の内容の権利は顧客の同意があり初めて得られるためです。

## 取引価格の算定

取引価格は，必ずしも売価とは限らない。売価に左ページの(1)〜(4)の４つの要素を考慮し取引価格が算定されるからである。

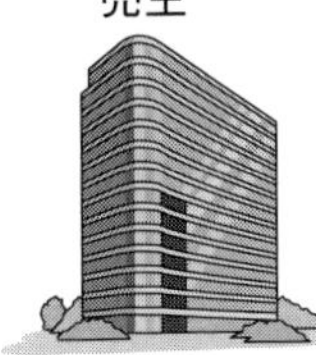


売主が財やサービスと引換に受け取ったお金
(売価)

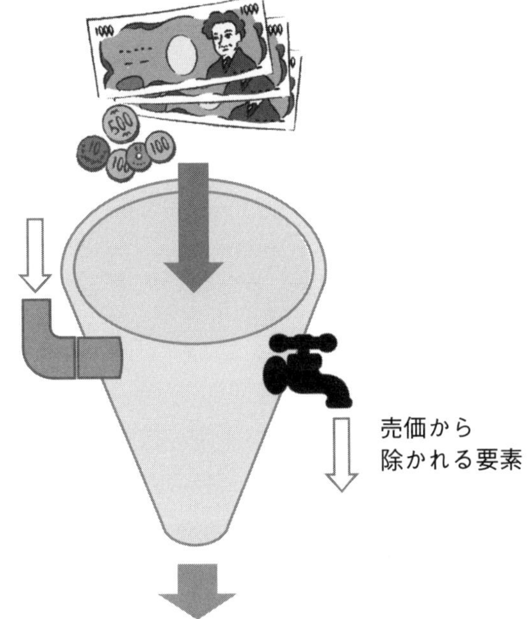


**取引価格**

# 5－2 取引価格とは②

## 第三者のために回収する額は除かれる

取引価格では，**第三者のために回収する額**は除かれます。たとえば，消費税は，購入額に従い顧客に課せられる税で，売主が国や地方公共団体に代わって徴収するものです。つまり**第三者のために回収する額**に該当し，取引価格には含まれません。ではなぜ第三者のために回収する額は取引価格から除かれるのでしょうか。

収益とは，株主からの出資以外で，一定期間中に企業（売主）の純資産（資産－負債）を増加させる要素です。つまり，企業の純資産を増加させる要素が必要であることから，**第三者のために回収する額**は収益の取引価格には含まれません。

第三者のために回収する例として，代理人として取引をする場合もあります。この場合も売価から**第三者のために回収する額**は除かれ，取引価格が算定されます。代理人としての収益は手数料部分のみとなるのです（§7-2～§7-4）。

**Check!　その他の間接税（酒税，揮発油税等）の取扱い**

酒税，揮発油税など様々な間接税がありますが，消費税と同じく，企業（売主）が国等の第三者のために回収していると判断されるものであれば，取引価格からは除く必要があります。

これまでの日本の会計慣行では，酒税や揮発油税を収益に含めて処理してきたケースも多く見られます。判断により売上高に大きく影響するので，慎重に検討する必要がありますね。

## 第三者のために回収する額は除かれる

### ■たとえば，商品100円（消費税8%）の回収の場合

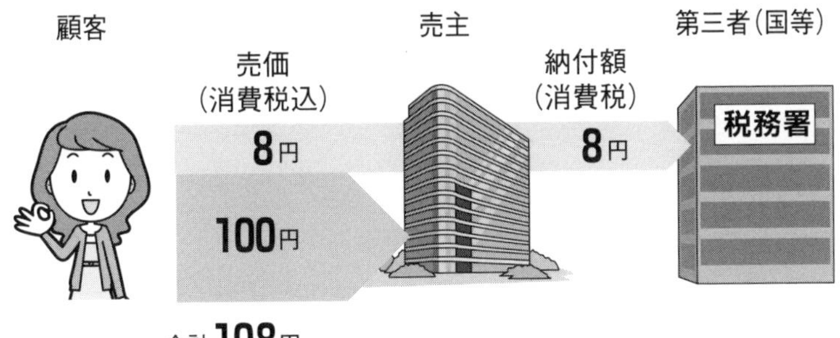


取引価格 ＝ 売価108円 － 第三者のために回収した額 8円 ＝ 100円

**税込で売上を計上していた会社も，
収益認識会計基準導入後は，
税抜にしないといけないんだね。**

# 5－3 変動対価の算定

### 最頻値と期待値

**変動対価**とは，顧客と約束した対価のうち変動する可能性がある部分を言います。**変動対価**が含まれる取引として，以下のようなものが考えられます。

値引き　リベート　業績ボーナス　返品権付きの販売　仮単価
返金　ペナルティー　インセンティブ

これらは，契約で明示されているものはもちろんのこと，①企業の取引慣行や公表した方針等により価格の引き下げを顧客が期待している場合，②契約締結時に価格を引き下げる企業の意図が存在している場合も含まれます。

**変動対価**は，以下のいずれかのうちより適切な方法で見積もります。

| 方法 | 算定方法 | 適する場合 |
|---|---|---|
| 最頻値 | 発生し得ると考える対価の額の最も可能性の高い単一の金額 | 生じうる結果が2つしかない場合 |
| 期待値 | 発生し得ると考えられる対価の加重平均値 | 類似案件が多数ある場合 |

たとえば，ある販売量を達成した時のみに得られるような報奨金の場合，起こり得る結果は「もらえる」「もらえない」の２つしかないため，**最頻値**による方法を用います。対して，業績の達成レベルに応じて段階的に異なる金額の得られるボーナスの場合，起こり得る結果が複数あるため，**期待値**による方法を用います。

## 最頻値法と期待値法

### ■たとえば，販売量達成の報奨金

販売量が目標量（100個）を達成すると，報奨金として1,200万円もらえる場合

| ケース | 販売量<br>(個) | 報奨金<br>(万円) | 予想<br>発生件数 | 判定 |
|---|---|---|---|---|
| A | 0～99 | 0 | 30 | |
| B | 100～ | 1,200 | 70 | 最頻値 |

報奨金は「もらえる」「もらえない」の2ケース。
予想では「もらえる」ケースの方が優勢であり，**最頻値法**により算定された1,200万円の報奨金が，取引価格にプラスされる。

### ■たとえば，業績達成のボーナス

業績の予算比に応じて，500万円～1,200万円のボーナスがもらえる場合

| ケース | 業績<br>予算比(%) | (1) ボーナス<br>(万円) | (2) 予想<br>発生確率 | (1)×(2) |
|---|---|---|---|---|
| a | ～80 | 500 | 10% | 50 |
| b | 80～90 | 800 | 20% | 160 |
| c | 90～100 | 900 | 40% | 360 |
| d | 100～110 | 1,000 | 20% | 200 |
| e | 110～ | 1,200 | 10% | 120 |
| | | | 加重平均値 | 890 |

ボーナスには複数のケースがあり得る。
それぞれのケースの予想発生確率を利用して，**期待値法**により算定された890万円（※）の報奨金が，取引価格にプラスされる。
（※）890＝50＋160＋360＋200＋120

# 5－4 変動対価の会計処理①

## 返品権付き販売

商品や製品の販売時に，売主が顧客に一定の条件の返品権を与える場合があります。たとえば，出版業界では，取次会社（問屋）および書店に委託販売した出版物に対して，一定期間に限り無条件に返品を受け入れるという返品権を与えています（委託販売制度）。また，化粧品業界では，新製品と交換で旧製品の返品を受け入れる慣行があります。

一定の条件の返品権としては，上記のケースを含め，以下のようなケースが考えられます。

(1) 顧客が支払った対価の全額または一部を返金する。
(2) 顧客が売主に対して負う（または負う予定の）金額に値引きする。
(3) 別の商品や製品と交換する。

このような返品権付きの商品や製品を販売に対して，これまでは，返品によって減少する売上総利益の金額を過去の返品実績から見積もり，返品調整引当金を計上していました。つまり，利益部分だけ調整がなされ，販売した商品や製品全額に対しての売上計上がなされていました。対して，収益認識会計基準では，返品による販売総額の変動可能性に着目し，変動対価の一形態と整理しています。つまり，売上計上が認められるのは，返品が見込まれる部分を除いた金額です。売上から減額した「返品が見込まれる部分」は，**返品負債**として処理します。

返品権付き販売については，**§7-17**で詳細に解説していますので，そちらも参照してください。

## 返品権付き販売

### ■たとえば，通信販売の会社

見て見て見て！
この魔法のフライパン，
全く焦げ付きません。
今回だけの特別価格１個1,000円でご提供。
ご購入後30日間に限り，返品OKです。

テレビショッピングの効果で魔法のフライパンは大盛況。
原価600円のこのフライパンがこの日100個販売された。
会社は，合理的な見積りにより，うち３個は返品されると見込んでいる。

（従来の実務）　（単位：円）

| | | | | | |
|---|---|---|---|---|---|
| （借方） | 売掛金 | 100,000 / | （貸方） | 売上 | 100,000 |
| | 返品調整引当金繰入 | 1,200 | | 返品調整引当金 | 1,200 |

（※1）返品が見込まれる3個の利益部分（1,000円－600円）×3個＝1,200円

（収益認識会計基準導入後）

| | | | | | |
|---|---|---|---|---|---|
| （借方） | 売掛金 | 100,000 / | （貸方） | 売上 | 97,000 |
| | | | | 返金負債 | 3,000 |

（※2）返品が見込まれる3個の売上部分 1,000円×3個＝3,000円

従来の実務では，売上は総額で認識し，返品が見込まれる３個の利益分を引き当てていた。

収益認識会計基準では，返品見込部分については売上を認識できず，「返金負債」として認識する（詳細は，§7-17参照）。

# 5－5 変動対価の会計処理②

## 値引きが予想される場合

変動対価のうち取引価格に含められるのは，不確実性解消時に，収益の著しい減額が発生しない可能性が高い部分に限定されます。ざっくりいうと，収益の大きな減額が見込まれる場合は，減額部分を取引価格に入れてはいけないということです。この判定にあたっては，収益が減額される「確率」と「程度」の両方の考慮が必要です。減額の「確率」または「程度」を増大させる可能性のある要因には次のようなものがあります。

(1) 市場の変動性または第三者の判断もしくは行動等，対価の額が売主の影響力の及ばない要因の影響を非常に受けやすいこと
(2) 対価の額に関する不確実性が長期間にわたり解消しないと見込まれること
(3) 類似した種類の契約についての売主の経験が限定的であるか，またはその経験から予測することが困難であること
(4) 類似の状況における同様の契約において，幅広く価格を引き下げる慣行または支払条件を変更する慣行があること
(5) 発生し得ると考えられる対価の額が多く存在し，かつ，その考えられる金額の幅が広いこと

見積もった取引価格は，決算日ごとに見直す必要があります。取引価格が変動した場合は，すでに充足した履行義務にも配分し，その差額は見直しを行った期の収益の額で修正します（§6-5参照）。

## 値引きが予想される場合

### ■ たとえば，ドリンクメーカー

量販店Aさん，このコーヒー，値段は１本100円です。でも年間で1,000本買ってくれたら，90円にしますよ。買って買って！

① 年間の販売数量が1,000本を超えないと判断している時点

（第１四半期末の判断）：販売本数140本
量販店Aさんへの販売量が増えないな。
こりゃ，年間1,000本はないだろうな。

（単位：円）

| （借方） | 売掛金 | 14,000 / | （貸方） | 売上 | 14,000（※1） |
|---|---|---|---|---|---|

（※1）100円×140本＝14,000円

② 年間の販売数量が1,000個を超えると判断し直した時点

（第２四半期末の判断）：販売本数410本
量販店Aさんは頑張ってくれたね。
累計550本。こりゃ，年間1,000本は堅いな。

| （借方） | 売掛金 | 41,000（※2） / | （貸方） | 売上 | 35,500（※4） |
|---|---|---|---|---|---|
| | | | | 返金負債 | 5,500（※3） |

（※2）100円×410本＝41,000円
（※3）(100円－90円)×550本＝5,500円
（※4）41,000円－5,500円＝35,500円

# 5－6 取引価格算定の留意事項①

## 重要な金融要素～通常の場合～

債権の支払時期を一般的な商取引より早くする（または前金を渡す）と，売主の資金面は楽になります。逆に遅くすると顧客の資金面が楽になります。このように**支払時期を調整することで顧客または売主に重要な資金的な便益が提供される場合，契約に重要な金融要素を含む**とされます。

これに該当する場合，取引価格の算定に際し，金利相当額の調整が必要です。すなわち，**「取引価格＝約束した対価±金利相当分」**となります。

重要な金融要素が含まれるか否か，および，金融要素が契約にとって重要であるかの判断には，たとえば，下記を考慮します。

⑴　対価と財またはサービスの現金販売価格との差額
⑵　財またはサービスを顧客に移転する時点と顧客が支払を行う時点との期間の長さ，および，関連する市場金利の金融要素に対する影響

具体的には，取引開始日に契約当事者間で独立した金融取引を行う場合に適用されると見積もられる割引率，つまり**「対価の現在価値＝財またはサービスの現金販売価格」**となる割引率を用いて調整を行います。調整は取引開始日に行うのみで，その後，割引率の見直しは行いません。

なお，上記，下線部の期間が１年以内と見込まれる場合は，重要な金融要素の影響を調整しないことができます。

## お代の先払いをする場合～通常の場合～

### ■たとえば，新興飛行機メーカーA社の場合

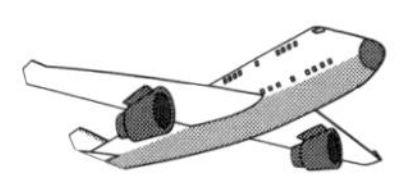

（顧客）飛行機メーカーA社さん！
新型飛行機を１機（500百万円）売ってください。
納期は２年後で構いません。
資金が必要でしょうから，先にお代だけ支払います。
※顧客とA社で別個の金融取引をすると割引率は10%

### ◆A社の売上に係る仕訳

（単位：百万円）

（前受金入金時）

| （借方） | 現金預金 | 500 / | （貸方） | 前受金 | 500 |
|---|---|---|---|---|---|

（２年間の金利）

| （借方） | 金利費用 | 105 / | （貸方） | 未払費用 | 105（※1） |
|---|---|---|---|---|---|

（※1）金利10%の複利で考えると，２年分の金利は以下の通りとなる。
500百万円×10%＋500百万円×(1+10%)×10%＝105百万円

（飛行機の支配移転時）

| （借方） | 前受金 | 500 / | （貸方） | 売上 | 605（※2） |
|---|---|---|---|---|---|
| | 未払費用 | 105 | | | |

（※2）取引価格＝対価500百万円＋金利105百万円=605百万円

**通常，取引価格=約束した対価±金利相当分で，**
**金利の影響を取引価格に加味するけど，**
**「代金前払いなら，必ず金利相当分を調整」**
**というわけではないんだ（§5-7参照）。**

# 5－7 取引価格算定の留意事項②

### 重要な金融要素 ～例外の場合～

代金の前払いなど対価の支払時期を調整した場合や対価と財またはサービスの現金販売価格とに差がある場合に，必ず金利相当分を調整するのかというと，そうではありません。例外として，以下のいずれかに該当する場合は，顧客または売主に重要な資金的な便益が提供されるわけではないため，契約に重要な金融要素は含まないものとされます。

(1) 顧客が財またはサービスに対して前払いを行い，顧客の裁量によりその財またはサービスの移転の時期が決まる場合
(2) 対価の変動性が相当大きく，その金額または時期が，顧客または売主の支配が実質的に及ばない将来の事象の発生（または発生しない）に基づき変動する場合
(3) 対価の額と財またはサービスの現金販売価格との差額が，顧客または売主に対する資金的な便益の提供以外の理由で生じている場合

(1)はプリペイドカードが例としてあげられます。サービスの移転時期，つまりカードを利用して顧客がサービスを受ける時期は顧客次第です。(2)は売上高に基づくロイヤルティが例として挙げられます。こうしたロイヤルティは将来の顧客の売上高に依存するため，対価の不確実性を解消するために，通常は後払いとなっているからです。(3)は住宅建設工事の前払い金が例として挙げられます。契約時に対価の10%，着工時30%，上棟時30%などは工事進捗に応じて支払いますが，残り30%は完成時まで支払いを留保するといったものです。これは，顧客を保護するためのもので，資金的な便益を意図したものではありません。

## お代の先払いをする場合 ～例外の場合～

### ■ たとえば，A電鉄の場合

A電鉄ではICカード乗車券を
発行しています！
きっぷ券売機に並ばなくても
電車に乗れる便利なカード。
ぜひご利用ください！

**◆利用者（顧客）がICカードに1,000円入金した時の仕訳**

（単位：円）

（ICカード販売時）
（借方）　現預金　1,000 / （貸方）　前受金(※)　1,000

**◆利用者がA電鉄の200円区間を利用した時の仕訳**

（顧客利用時）
（借方）　前受金　200 / （貸方）　売上(※)　200

（※）鉄道業では，前受運賃，旅客運輸収入という勘定科目を使うが，
ここでは簡便のために前受金，売上で表現している。

このICカード乗車券はいわゆるプリペイドカード。
利用者（顧客）は対価を前払いし，必要な時にサービスの提供を受ける。
つまり，顧客の裁量によって，サービスの移転時期が決まるものであり，
前払い期間は重要な資金的な便益を提供するわけではない。
よって，金融要素の考慮はされない。

# 5－8 取引価格算定の留意事項③

## 現金以外の対価

顧客から受け取る対価は，必ずしも現金で支払われるとは限らず，その他の財やサービスで受け取ることがあります。このように対価が現金以外の場合，取引価格は**対価の時価**により算定します。時価を合理的に見積もることができない場合もあります。そのような場合は**販売する財またはサービスの独立販売価格**を基礎として算定します。

対価の形態によっては，その時価が変動する場合があります。たとえば，対価が株式の場合を考えてみましょう。株価は変動するため，対価も変動しますが，これは変動対価（§5-3）に該当しません。株価の変動は株式の性質に由来するためです。したがって株式の場合，変動対価としての検討は必要ありません。

これに対し，対価として受け取る額が販売量に応じて変動する場合は，変動対価の対象として検討を行う必要があります。

**現金以外の対価が変動対価となる場合，ならない場合**

| ケース | 変動対価か？ |
|---|---|
| 販売量に関わらず対価がA社株式100株<br>契約時は１株100円，受取時１株120円 | 販売量に依存しない<br>➔変動対価でない |
| 100個販売：対価がA社株式100株<br>200個販売：対価がA社株式200株 | 販売量に依存する<br>➔変動対価である |

## 現金以外の対価

### ■たとえば，A林業の本社を建設する建設会社B社の場合

建設会社B社さん！
わがA林業の本社建設をお願いします。
本社はわが社の木材をふんだんに使った建物としてください。
対価は1,000百万円とこの木材（時価100百万円）で支払います。

### ◆B社の売上に係る仕訳

（単位：百万円）

| | | | | | |
|---|---|---|---|---|---|
| （借方） | 売掛金 | 1,000 / | （貸方） | 売上 | 1,100 |
| | 原材料 | 100 | | | |

木材は対価として譲渡されており，B社はこの木材の支配を獲得。
よって，木材は**現金以外の対価**として扱われる。
取引価格には，この木材の時価も含まれることとなり，
売上は 1,000百万円＋100百万円＝1,100百万円 となる。

**現金以外の対価（現物）が提供される場合その時価が取引価格に含まれるんだ。**

# 5－9 取引価格算定の留意事項④

## 売主が顧客に対価を支払う場合

売主と顧客の関係によっては，売主が顧客に何らかの対価を支払う場合があります。ここでいう顧客には，直接の販売相手だけでなく，小売店や消費者のような間接的な相手も含まれます。たとえば，顧客が売主の商品の販売に貢献したことへの報奨や，値引き部分の補填（リベート）があります。また，自社商品を目立つ場所に陳列してもらうことと引き換えに支払う棚代というものもあります。

売主が顧客に販売したものと別途何かを時価で購入したのであれば，特に対応は必要ありません。しかし，販売促進のために時価より高く買った，あるいは何も購入していないのに支払いをするということであれば，実質的な返金と考えられるので，返金とみなされる部分を売上に係る取引価格から控除する必要があります。

<table>
<tr><td>顧客から別途購入する財やサービスの代金でない場合</td><td colspan="2">取引価格から減額する。<br>減額タイミングは下記発生時点のいずれか遅い方。<br>(1)　財またはサービスの収益認識時<br>(2)　顧客に対価を支払う時，または支払を約束する時</td></tr>
<tr><td rowspan="4">顧客から別途購入する財やサービスの代金の場合</td><td colspan="2">顧客から別途購入する財やサービスの代金Ａと時価Ｂの関係が以下の場合</td></tr>
<tr><td>Ａ＝Ｂ</td><td>通常の購入と同様の方法で処理</td></tr>
<tr><td>Ａ＞Ｂ</td><td>対価が購入物の時価を超過する部分は，顧客に対する返金とみなし，売上の取引価格から減額</td></tr>
<tr><td>Ｂを合理的に見積もれない</td><td>顧客に支払われる対価の全額を取引価格から減額</td></tr>
</table>

## 売主が買主に対価を支払う場合

### ■たとえば，お菓子製造メーカーA社と量販店B社との取引

量販店B社さん！
わが社のチョコレートを
お取扱いいただきありがとう
ございます。
（年間契約 最低販売量200百万円）
是非店頭での販売をお願いしたく，
この棚代（*）10百万円をお納めください。

(*) 店舗で自社製品を優先的に陳列してもらうために小売業者等に支払う手数料

### ◆A社の売上に係る仕訳

（単位：百万円）

（棚代支払時）

| | | | | | |
|---|---|---|---|---|---|
| （借方） | 前払金 | 10／ | （貸方） | 現金預金 | 10 |

（ある月の仕訳）：販売量20百万円

| | | | | | |
|---|---|---|---|---|---|
| （借方） | 売掛金 | 20／ | （貸方） | 売上 | 20 |
| （借方） | 売上 | 1／ | （貸方） | 前払金 | 1 |

"棚代"は**買主から別途購入するものの代金**ではない（別の取引ではない）ため，取引価格から減額する。
販売量のうち"棚代"の割合は10百万円/200百万円＝5%。
ある月の販売量20百万円の5%，1百万円は取引価格から減額する。
減額のタイミングは，約定した時点ではなく，より遅い方の収益認識の時点となる。

**買主から別途購入するものの代金なのか否かの判断が重要だね。**

COLUMN

# 「価格」と「価額」の違い

この章では「取引価格」について取り上げました。「価格」に似た言葉で「価額」という言葉があります。この2つに言葉に違いはあるのでしょうか。

「金融商品会計に関する実務指針」を例にとりますと，「価格」については，「市場価格」「取引価格」「譲渡価格」などの使い方がされています。対して，「価額」については，「帳簿価額」「合理的に算定された価額」「公正な評価額」などの使い方があります。「市場価格に基づく価額」という言葉もあります。

両者に会計基準等々での明確な定義はないようですが，「価格」というのは，「取引価格」とあるように，他社との関係性の中で決まってくる具体的な金額を指すことが多いようです。英語では「price」と表現されています。対して，「価額」については，「公正な評価額」とあるように，価値を表す金額を指しているようです。英語では「value」ですね。上述の「市場価格に基づく価額」は“市場での取引における金額を元にして評価された価値”といったような意味でしょうか。

この章で取り上げた「取引価格」，英語では「transaction price」と表現されていますが，売主と買主の関係性の中で決まってくる金額ですので，「取引価額」ではなく，「取引価格」という表現で適切ですね。

# §6

## 収益認識のステップ４

# 契約する履行義務に取引価格を配分する

収益認識のステップ４では，契約をした履行義務に取引価格を配分します。たとえばAという商品とBというサービスを１万円で販売する場合，それぞれがいくらかを決めるということです。AとBの独立販売価格（§2-6）の合計がぴったり１万円なら簡単ですが，そうとも限りません。独立販売価格がわからない場合もあります。こうした場合，どのように考えるのでしょう。

それぞれの取引価格が
算定できないと，
収益認識のタイミングが
異なるときに
会計処理できないよ！

# 6－1 取引価格の配分方法①

## 独立販売価格の算定方法

セット販売の場合は，セット価格を各要素に配分します（§2-6）。そしてその配分は，**契約における取引開始日の独立販売価格**の比率に基づきます。

【例】 X社はY社にA・Bをセットで販売する。条件は以下のとおり。
① A・B２つの履行義務の販売価格が80円
② 取引開始日の独立販売価格は，A：70円，B：30円

➡A：56円（＝80円×$\frac{70円}{70円+30円}$），B：24円（＝80円×$\frac{30円}{70円+30円}$）

このように，独立販売価格が明確であれば，算定自体はそれほど難しくありません。しかし，実務においては，一物一価というわけではなく，顧客や場所，市場，時間により異なる価格で販売することや，販売数量に応じて価格を調整することがあり，どの価格を独立販売価格とするかが問題となります。

収益認識会計基準では，**独立販売価格の最善の見積り**を「会社が**同様の状況，類似の顧客**に販売する場合の価格」としています。契約書や見積書にセット価格の内書きを記載する場合があり，これが独立販売価格と一致する場合もありますが，必ずしもイコールではありません。

このように「同様の状況，類似の顧客への販売価格」から独立販売価格を直接，観察できない場合は，別の方法で独立販売価格を見積もることになります（§6-2）。

## 独立販売価格の最善の見積りとは？

「会社が同様の状況，類似の顧客に販売した価格」から，見積もった価格が，独立販売価格の「最善の見積り」。

では，同様の状況，類似の顧客とは？

**■同様の状況とは？** 受注数量，納品までの期間などが同様か？

**■類似の顧客とは？** 取引の頻度，業務用か否か，顧客との力関係等が類似するか？

# 6－2 取引価格の配分方法②

## 独立販売価格を直接観察できない場合の見積り方

独立販売価格を「同様の状況，類似の顧客への販売価格」から直接，観察できない場合には，別の方法で見積もることとなります（§6-1）が，収益認識会計基準では，3つのアプローチを例示しています。

| アプローチ | 方　法 |
| --- | --- |
| A　調整した市場評価アプローチ | 販売する市場の属性から，顧客が支払うと見込まれる価格を見積もる方法。<br>競合他社の類似する財またはサービスの価格を参照し，自社のコスト・適正利益に調整する方法も可。 |
| B　予想コストに利益相当額を加算するアプローチ | 予想コストに適正利益をのせ，算定する方法。 |
| C　残余アプローチ | セット価格からセット販売する他の要素の独立販売価格を控除する方法。 |

売価からのアプローチであるA，原価からのアプローチであるBに対し，差引きで求めるCは，ややどんぶり勘定的ですね。そうした背景からか，Cが使える状況は，「対象とする要素を異なる顧客に同時またはほぼ同時に幅広い価格帯で販売している場合」，または，「販売実績がなく価格未定の場合」に限定されます。差引きで算定することから，複数の要素にCのアプローチをとることもできません。こうした場合は，A～Cの複数の方法を組み合わせることとなります。

## 残余アプローチの例

**【前提】**

X社は，ハードウェア，ソフトウェア，保守サービスを一括して6,000千円で販売する契約を締結する。これらはいずれも独立した履行義務である。それぞれの独立販売価格の見積りに関する状況は以下のとおり。

① ハードウェア：単独で販売することはほとんどなく，ハードウェアの基礎となるコスト，適正利益率を加味し，独立販売価格を4,500千円と見積もった。

② ソフトウェア：これまで単独で販売したことがなく，また当該ソフトウェアはさまざまな契約に含まれているが，その価格は80千円から600千円と幅広い価格帯となっている。

③ 保守サービス：X社では，しばしば保守サービスを単独で販売しており，取引実績に基づき，独立販売価格を1,000千円と見積もった。

（単位：千円）

| | 独立販売価格 | 見積方法 |
|---|---|---|
| ①ハードウェア | 4,500 | 予想コストにマージンを加算するアプローチ |
| ②ソフトウェア | 500(※) | 残余アプローチ |
| ③保守サービス | 1,000 | 客観的な独立販売価格を入手 |
| 合計 | 6,000 | |

（※）500千円＝6,000千円－（4,500千円＋1,000千円）
差引きで算定した500千円は，80千円～600千円に含まれるため独立　販売価格として採用される。

**差引きするだけでなく，変動幅におさまっていないと，独立販売価格にならないんだ！おさまらない場合は，他のアプローチを組み合わせて見積り直しだ！**

# 6－3 値引きの配分

**原則は比例配分，例外は？**

セット販売をした財またはサービスの独立販売価格の合計額より，セット価格のほうが安い場合，「値引きが何に対するものか」が問題となります。収益認識会計基準では，**全体**に値引きが行われたと考え，値引きは原則，独立販売価格に比例して配分されます。

ただし，ある特定の部分（またはセット販売の一部）に値引きがされたことが明確なら，値引きはその部分に配分することが“対価の額をより適切に描写する”といえるでしょう。収益認識会計基準では，以下の３つすべてを満たす場合，値引き対象と判定される財またはサービスに値引きを配分します。

⑴　契約を構成する別個（または別個の束）の財またはサービスを通常，単独で販売していること

⑵　⑴の**一部をセット**にし，通常，値引き販売が行われていること

⑶　⑵の一部のセット販売時の値引きと契約全体の値引きがほぼ同額であり，この対応関係について，観察可能な証拠があること

**Check!　収益認識会計基準における「観察」とは？**

収益認識会計基準では，ところどころで「観察」という表現が出てきます。自然科学における観察は，研究対象の実態を深く知るために注意深く見るという研究手法です。収益認識会計基準で用いる場合も，単に「見られる・ある」という意味ではなく，「認められる」というしっかりした因果関係があるニュアンスと考えられます。

## 値引きを一部の束に配分する方法

**【前提】**

X社は，パソコン，ソフトウェア，アフターサービスを一括して300千円で販売する契約を締結する。これらはいずれも独立した履行義務である。

① X社はふだんからパソコンを200千円，ソフトウェアを70千円，保守サービスを60千円で個別に販売している。

② X社はふだんからパソコンとソフトウェアを240千円でセット販売している。

この場合，値引き額30千円（=200千円+70千円+60千円－300千円）は，どのように配分されるか？

➡「契約全体の値引き額」と「パソコンとソフトウェアの値引き額」の金額が同じなので，契約全体の値引額は「パソコンとソフトウェア」に配分する。

| 履行義務 | 独立販売価格 | 値引額 | 取引価格 |
|---|---|---|---|
| パソコン | 200 | －22 | 178 |
| ソフトウェア | 70 | －8 | 62 |
| アフターサービス | 60 | | 60 |
| 合計 | 330 | －30 | 300 |

# 6－4 変動対価の配分

## 契約全体に配分するか否か

**変動対価**とは，変動する可能性のある対価です（§5-3)。日本の実務では，リベート，値下げ，返金，業績に基づく割増金，ペナルティーのように対価そのものが変動する場合や，返品権付販売のように販売数量が変動するものがあります。

セット価格に変動対価が含まれる場合，どのように配分すべきでしょうか？　対価の変動要因が，ある要素に紐づけられる場合を考えてみましょう。たとえばAとBを販売するメーカーが，リベートをAにのみ設定しているなら，変動対価はAに紐づけるべきです。収益認識会計基準では，この見極めのため，以下の条件を設定しました。

(1) 変動性のある支払条件が，ある要素の履行義務に紐づけられる場合
(2) 契約の全履行義務と支払条件を勘案した結果，変動対価の全額をある要素に配分することが会社の**「権利を得ると見込む対価の額を描写する」**場合

この２つの条件を共に満たす場合は，紐づけられた要素に変動対価の全額を配分します。一方，条件を満たさない残りの取引価格については，これまでに解説した方法で配分します。

## 変動対価がある要素の履行義務に紐づけられる例

**【前提】**

X社はY社にソフトウェアとテクニカルサポートを1個ずつ販売した。

① ソフトウェアの独立販売価格は50千円，テクニカルサポートは10千円である。

② ソフトウェアとテクニカルサポートの販売合計額は55千円である。

③ X社は，ソフトウェアとテクニカルサポートを別個の履行義務と判断した。

④ ソフトウェアは，X社が開発したもので，販売促進のため，Y社に数量値引きを提示している。

新発売
キャンペーン

| 販売台数 | 販売金額 |
|---|---|
| 5台まで | @50千円 |
| 6～10台 | @45千円 |
| 11～30台 | @40千円 |
| 31台以上 | @35千円 |

⑤ X社は，観察可能なデータからY社へのソフトウェアの販売累計数は10台になると見込んでいる。

➡変動対価の全額をソフトウェアに配分する。

ソフトウェア：@45千円×1個＝45千円

テクニカルサポート：10千円

# 6－5 取引価格が変動した場合①

## 契約変更か否かで対応が変わる

契約締結後，取引価格が変動する場合があります。たとえば数量値引きを行っている場合で，当初の見積単価と異なる単価の数量に着地する場合があります。また，契約変更により取引価格が変わる場合もあります。

収益認識会計基準では，取引価格が変動した場合，契約変更によるか否かで対応が変わります。ここでは，契約変更以外により取引価格が変動する場合を考えてみましょう。

取引価格が変動した場合，取引価格の再配分が必要となります。ただし，配分のベースとなる**独立販売価格には取引開始日以降の変動を考慮させません**。契約時点から時が経過しているので，独立販売価格も変わる可能性もありますが，**独立販売価格は取引開始日のものを用います**。

取引価格の変動のタイミングによっては，履行義務の一部が充足されている場合もあります。この場合，収益は計上済みですが，**再配分後の数値に従い，収益を修正**することとなります。たとえば，数量値引きの場合で，着地見込みの変更に伴い見積単価が変わった場合，売上計上済み部分もこの単価で計算し直し，差額を当期の損益で修正します。

**取引価格の変動がある特定，または複数の要素に紐づけられる場合は，変動を全体にではなく，紐づけられる要素に対し，再配分を行います。**この場合の判定は，**§6-4**で示した(1)と(2)が用いられます。これらいずれも満たす場合は，ある特定，または複数の要素に紐づけられると判定されます。

## 契約変更以外の取引価格の変動

**【前提】**

X社は洗剤Aを1個あたり100円で販売する契約をX1/1/1に卸売業Y社と締結した。同契約の対価は変動性があり，Y社がX1/12/31までに洗剤Aを10万個以上購入する場合には，1個当たりの価格を遡及的に90円に減額すると定めている。

① X1年に終了する第1四半期に，X社は，洗剤AをY社に1万個販売した。この時点でX社は，Y社への年間販売見積りは10万個を超えないと判断している。

② X社は，洗剤AとY社の購入実績に関し，豊富な実績を持っており，年度末の数量確定により，単価100円で算定する第1四半期の収益の著しい減額が発生しない可能性が高いと判断した。

③ X1年5月にY社は他の企業を買収した。第2四半期会計期間のX社のY社への販売実績は，4万個であった。X社は，新たな事実を考慮し，Y社への年間の洗剤Aの販売数量は，10万個以上になると見積もり，1個当たりの単価を90円に遡及的に減額することが必要になると判断した。

**■ 第1四半期の会計処理**

（単位：千円）

| (借方) 売掛金 | 1,000(※1) | / (貸方) 売上 | 1,000 |
|---|---|---|---|

（※1）1,000千円＝@100円×1万個

**■ 第2四半期の会計処理**

| (借方) 売掛金 | 3,500(※2) | / (貸方) 売上 | 3,500 |
|---|---|---|---|

（※2）3,500千円＝@90円×4万個－（@100円－@90円）×1万個

# 6－6 取引価格が変動した場合②

## 取引開始後の契約変更による場合

次に，契約変更により取引価格が変わる場合を考えてみましょう。契約締結後でも取引開始前であれば，変更後の契約で会計処理をすればよいので問題はありません。問題は，一部の取引を実施している場合，つまり，履行義務が充足された部分について収益計上済みの場合です。

この場合，**§3-3～§3-6**で示した処理に従うこととなりますが，ポイントは，「①契約の範囲の変更があるか，価格変更のみか」「②追加部分の契約額が独立販売価格に**特定の契約の状況に基づく適切な調整を加えた金額**分の増額がなされているか否か」「③移転済みと未移転の履行義務が別個か否か」です。

| ① | 範囲の変更あり | | | 価格変更のみであり，範囲の変更なし | |
|---|---|---|---|---|---|
| ② | 独立販売価格に基づく増額あり | 独立販売価格に基づく増額でない，または増額なし | | | |
| ③ | | 別個である | 別個でない | 別個である | 別個でない |
| 参照節 | §3-4 | §3-5 | §3-6 | §3-5 | §3-6 |

②では，増額分が独立販売価格ではなく，これに「特定の契約の状況に基づく適切な調整が加えられた金額」であることに注意が必要です。実務においては，一物一価ではなく，顧客や場所，市場，時間，販売数量に応じて価格が異なります（**§6-1**）。増額が独立販売価格と等しくなくても，追加部分の状況を勘案した結果，独立販売価格に適切な調整が加えられた金額と判断される場合は，**§3-4**の会計処理によります。

## ②と③の判定に注意！

左ページの判定のうち，判定が難しいのは②と③。それぞれのポイントは？

### ■ ②の判定

例：おせち料理の独立販売価格＝2万円，事前受注100個は2万円，12/31追加受注10個は3万円の場合の判定

### ■ ③の判定

例：契約日までに履行済みと残った財またはサービスの関係が次の場合

- **財の分納の場合**
  ➡納品済みの財と残った財が別個といえるか（完納しないと，顧客にとって意味がないか）を検討する。
- **一連の別個の場合**
  ➡履行済みの部分と残りは別個と考える。
- **建築工事等の場合**
  ➡契約という観点に立ち，すべてを完成しないと，顧客にとって意味があるか否かに留意する。

▲既存の住宅建築契約に防音室の設置が加わった場合は，別個でないと考えられる

COLUMN

## 1円入札とその後の受注の取引価格は？

1円入札という言葉を聞いたことがあるでしょうか？　公共工事などで，次年度以降の随意契約を手に入れるために，初年度は，利益を度外視し，極端に安い価格で入札し，案件を獲得することです。

収益認識会計基準では，同一顧客に同時またはほぼ同時に締結された複数の契約が一定要件（§3-1参照）を満たす場合，契約の結合が行われ，そのうえで，識別された履行義務に取引価格を配分します。1円入札の場合はどうなるのでしょうか？

初年度の利益を度外視した契約は，次年度以降の契約のためなので，契約を結合し，取引価格を配分と考える人もいるかもしれません。しかし，「同時またはほぼ同時に締結」という条件が該当しないので，1円入札された初年度の契約と次年度の契約は結合されません。それ以前の問題として，初年度は広告宣伝活動であり，1円部分が収益に該当するかという話があるのかもしれませんが……。

# §7

# 具体的な取引で収益認識を考える

これまで，収益認識のステップについて説明してきましたが，§7では最終的に収益を計上するタイミングと，具体的な取引ケースについて，収益認識に関してそれぞれどのような検討事項があるのかについて説明します。

# 7－1 保証条項がある場合

## 購入オプションがあるか，保証サービスを含んでいるか

財やサービスの販売時に，様々な形で保証条項を含む契約を締結することがありますが，保証の内容は大きく以下の内容に区分できます。

- **合意された仕様に従っているという保証**（品質保証型の保証）
- **追加的なサービスの提供を顧客に約束**（保証サービス）

**品質保証型の保証**は販売した財やサービスと別個の収益認識の単位とは考えません。そのため独立した履行義務としては取り扱わずに，将来の費用や損失が見込まれる場合について，企業会計基準注解（注18）に従って引当金の計上を検討することになります。

一方で，**保証サービス**（たとえば顧客の落ち度による故障の無料保証）は，通常，販売した財やサービスとは別個と考えられるため，取引価格の一部を配分して収益認識を行います。保証サービスに該当するか否かについては，保証を要求する法律の有無，保証期間の長さ，履行すべき作業の内容などの要因を考慮して判断します。

なお，顧客が保証を単独で購入するオプションを有している場合（例：長期保証の格安購入権），オプションは別個の履行義務となります。これについては追加オプションの取扱い（§7-5）に従います。

## 保証条項がある場合の履行義務の識別

A社はスマートフォンを5万円で顧客に販売した。
当製品には1年間の無料保証が付いており，①通常の使い方で故障した場合だけでなく，②顧客事由で故障した場合も保証の対象としている。
さらに，③5年間無料保証を100円で購入する権利も付けている。
①～③の会計処理はどうなるか？

① 通常の故障の無料保証（1年）

② 顧客事由の無料保証（1年）

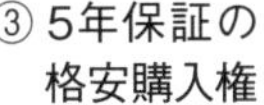

会計処理の判定

購入オプションの有無と，保証サービスかどうかがポイントだ！

財と別に購入するオプションがあるか？
（たとえば保証が個別に価格設定されているか）

No →

財が合意された仕様に従っているという保証のみか
（判定のポイント）
- 法律で要求されているか
- 保証対象期間は短いか
- 特定作業の必要がないか

Yes → 履行義務ではない
引当金の検討
（①）

No → 別個の履行義務になる
取引価格を配分して
収益認識（②・③）

（最初の判定で）Yes → 別個の履行義務になる

# 7－2 本人と代理人の区分①

## 代理人が総額で収益を計上できない理由

販売取引が，売り手と買い手の２社間で完結する場合には，売り手は買い手に対する販売金額をベースに収益を計上します。しかし，実際の商取引では，様々な商流や媒体を経由します。伝統的な商社経由の他，インターネットを利用した取引の仲介や，異なる財やサービスを組み合わせて提供するマッチングの業態など，取引形態は多様化しています。

財やサービスの提供に別の当事者が関与する場合，取引の仲介者にとっては，一般的に取引の総額が自社の持分の増加につながらないため，総額で収益を計上すべきではないという考え方があります。

また関与する当事者の全員が，無制限に財やサービスの販売金額も含めて収益を総額で計上した場合，実際の活動に対して取引規模が大きく見えることになります。これにより決算書の利用者がその会社の規模感などについて誤った判断をするおそれがあります。

このような取引慣行について，従来のわが国においては，収益を総額で計上するか，または純額で計上するかの明確な会計基準がありませんでした。収益認識会計基準では，**財やサービスが他の当事者によって提供されるように手配する履行義務を有する者**は，**代理人**として区分し，**手数料部分のみを純額で収益として計上**する処理が明確になりました。

## 本人と代理人の収益認識

### ■A社サイトで財を販売する場合

原価90万円の自動車をA社サイトで100万円で販売する場合，A社の売上はいくらになるか？

| A社の立場 | 売上高 | 備考 |
|---|---|---|
| 本人なら | 100万円 | 総額 |
| 代理人なら | 10万円 | 純額※1 |

※1　10万＝100万－90万

### ■B社店頭で航空券を販売する場合

原価20万円の航空券をB社店頭で25万円で販売する場合，B社の売上はいくらになるか？

| B社の立場 | 売上高 | 備考 |
|---|---|---|
| 本人なら | 25万円 | 総額 |
| 代理人なら | 5万円 | 純額※2 |

※2　5万＝25万－20万

**本人か代理人かで売上の金額が全然違う…。どっちが会社の正しい状況なんだろう？？詳しい考え方について，§7-3で確認してみよう。**

# 7−3 本人と代理人の区分②

## 本人と代理人の区分の判定方法

複数の当事者が取引に関与する場合で当事者が**本人に該当**する場合は販売対価の**総額を収益**として計上しますが，**代理人に該当**する場合の**収益**は手数料部分の**純額**となります（§7-2）。

本人と代理人のいずれに区分されるかについては，**財やサービスが顧客に提供される前に，企業がその財やサービスを支配しているかどうか**で判定します。

支配しているかどうかの判断については，その取引に主体的に関与しているか，どのような責任やリスクを負担しているかがポイントです。

**本人か代理人かの判定指標**

| |
|---|
| ① 顧客に対する契約の履行について，**主たる責任**を有している |
| ② （一時的な法的所有権ではなく）**在庫リスク**を有している |
| ③ 顧客が支払う価格の設定において，**裁量権**を有している |

（※）より多くの指標に該当するほど支配していると判定される

その結果，**支配していると判定される場合は本人**に該当し，**支配していないと判定されるときは代理人**に該当することになります。

**Check!　支配の３つのパターン**

以下のいずれかを支配する場合，本人に該当することになります。

- 他の当事者から受領した資産で，その後に顧客に移転するもの
- 他の当事者に顧客に対するサービス提供を指図する権利
- 財やサービスを統合する重要なサービスを顧客に提供

## 本人と代理人の区分

### 【事例A】 ウェブサイトを運営する会社

【ケースA-1】 A社はウェブサイトを提供するのみで，商品の手配や配送については，別の中古車販売業者が行う場合

【ケースA-2】 A社が自ら中古車を調達し，ウェブサイト上で販売する場合

| 考慮指標 | ケースA-1 | ケースA-2 |
|---|---|---|
| 主たる責任はA社にあるか？ | ×<br>A社の責任はサイト運営およびこれに派生する事項のみ | ○<br>A社は商品について購入者に対する責任を負う |
| 在庫リスクはA社にあるか？ | ×<br>A社は取引を仲介するのみで在庫を持たない | ○<br>A社は一定の在庫をかかえ，在庫リスクを負う |
| A社は価格裁量権を持つか？ | ×<br>価格は仕入先が決める | ○<br>価格裁量権はA社にある |
| 判定 | 代理人 | 本人 |

### 【事例B】 航空券の販売をする会社

【ケースB-1】 B社は航空会社の代理人として航空券の販売と代金回収のみを行う場合

【ケースB-2】 B社が自ら航空会社と価格交渉を行い，自らの責任で一般顧客に航空券を販売する場合

| 考慮指標 | ケースB-1 | ケースB-2 |
|---|---|---|
| 主たる責任はB社にあるか？ | ×<br>B社は特定のフライトの座席を提供する責任は負わない | ○<br>B社は特定のフライトの座席を提供する責任を負う |
| 在庫リスクはB社にあるか？ | ×<br>B社は販売の仲介をするのみで在庫を持たない | ○<br>B社は販売前に航空券を購入しており在庫リスクを負う |
| B社は価格裁量権を持つか？ | ×<br>価格は仕入先が決める | ○<br>価格裁量権はB社にある |
| 判定 | 代理人 | 本人 |

（※） 実務では，このように「すべて○」「すべて×」にならないこともある。その場合は，総合的に判断する。

# 7－4 本人と代理人の区分③

**具体的な取引ケース（小売業における消化仕入）**

本人と代理人の区分の一般的に考え方について説明をしてきましたが，具体的なケースとして，小売業を営む百貨店などで多くみられる**消化仕入契約**による販売形態について考えてみましょう。

百貨店などの小売業における仕入形態には，仕入先より商品を買い取る仕入形態（買取仕入契約）のほかに，店頭で販売した段階で仕入先より仕入れたとする仕入形態（消化仕入契約）があります。

このうち消化仕入契約の場合は，商品は百貨店などの店頭に存在しますが，販売されるまでの商品の所有権や在庫リスクは仕入先（テナント）にあります。つまり，百貨店側からすると，売れ残った場合も，在庫リスクは仕入先が持つ一方，売れた場合は利益を確保できるというメリットがあります。そこで小売業において広く採用されています。

このような消化仕入契約では，販売するまでの**在庫リスクを仕入先（テナント）が負担**していることに加えて，**価格裁量権も仕入先が有している**ことが一般的です。

そのため，**§7-3**で説明した**3つの指標（主たる責任，在庫リスク，価格裁量権）**にあてはめると，商品の販売前においては百貨店側は商品を支配していないと判断される場合があります。

このような取引の場合は，百貨店などは代理人と判断され，**純額で収益を計上**することになります。

## 小売業における消化仕入

**【前提条件】**

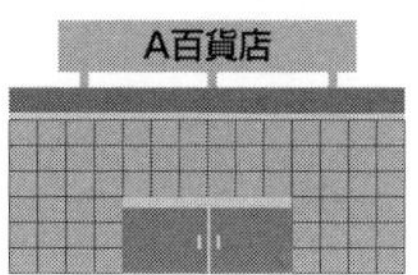


百貨店を営むA社は，B社と消化仕入契約を締結した。
B社からの仕入れ値が9万円，顧客への売価が10万円の場合，A社の売上はいくらになるか？

**【法的な関係およびモノとお金の流れ】**

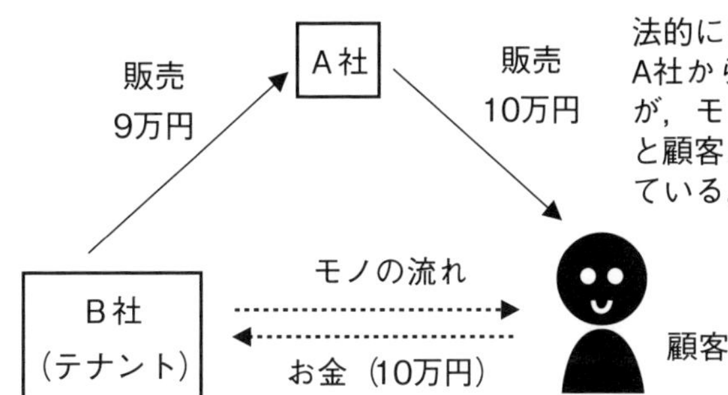


法的には，B社からA社，A社から顧客への販売だが，モノとお金は，B社と顧客が直接やりとりしている。

**【本人と代理人の判定】**

| 考慮指標 | 消化仕入の場合 | 買取仕入の場合 |
|---|---|---|
| 主たる責任はA社にあるか？ | ×<br>A社の責任は，商品の陳列や代金回収の代行のみ | ○<br>A社は商品について購入者に対する責任を負う |
| 在庫リスクはA社にあるか？ | ×<br>店舗在庫はB社のもので，B社が在庫リスクを負う | ○<br>A社は一定の在庫をかかえ，在庫リスクを負う |
| A社は価格裁量権を持つか？ | ×<br>価格はB社が決定する | ○<br>価格はA社が決定する |
| 判定 | 代理人 | 本人 |
| A社の売上 | 1万円（※） | 10万円 |

（※）1万＝10万－9万

# 7−5 追加オプションの付与①

原則的な取扱い

財やサービスを販売する際，追加のサービスなどを取得する権利（追加オプション）を顧客に付与する場合があります。

財やサービスを購入した顧客に与えた追加オプションが顧客にとって**重要な権利**（右ページ下線参照）である場合は，販売時に将来の履行義務として契約負債（企業が顧客に財またはサービスを移転する義務のうち，対価受領済みのもの）を認識します。そして顧客が追加オプションを利用したときに契約負債を収益に振り替えます。一方，追加オプションが失効したときにも履行義務が消滅するので，契約負債を収益に振り替えます。

認識される履行義務への取引価格の配分は，当初販売した財およびサービスと，追加オプションの**独立販売価格**の比率で行うことになります。

追加オプションの場合，それ自体に販売価格がありません。そこで独立販売価格は，下記のように見積もります。

追加オプションの独立販売価格
＝（追加オプションの価値－通常の値引き）×将来利用される確率

**Check! 追加オプションが「重要な権利」かどうか**

追加オプションが，独立販売価格（通常でも行われている値引きや特典の範囲）で付与されている場合は，単なる購入機会の提供のみと考えられるため，「重要な権利」には該当しません。

## 追加オプションに関する会計処理の流れ

追加オプションが付与されるのは，財やサービスを購入した顧客に限定されるか？

No

Yes

追加オプションが顧客にとって，重要な権利か？
（それにより，通常の値引き幅を超える値引きを受けられる，財やサービスを無償でもらえる等）

No

Yes

**追加オプションは履行義務に該当する**

**A** 追加オプションの独立販売価格を算定し，取引価格を配分する

**追加オプションは履行義務に該当しない**

**B** 追加オプションに対し，取引価格の配分は不要

### ■Aの仕訳イメージ

- 顧客が財200千円を販売し，これに対し，追加オプションが付与される。
- 追加オプションの独立販売価格は2千円と算定された。

（単位：千円）

| | | | | | | |
|---|---|---|---|---|---|---|
| 販売時 | （借方） | 現金預金 | 200 / | （貸方） | 売上高 | 198 |
| | | | | | 契約負債 | 2 |
| オプションを行使された場合 | （借方） | 契約負債 | 2 / | （貸方） | 売上高 | 2 |
| オプションが失効した場合 | （借方） | 契約負債 | 2 / | （貸方） | 売上高 | 2 |

# 7－6 追加オプションの付与②

## ポイント制度の会計処理

追加オプションの代表例に**ポイント制度**があります。ポイント制度とは，顧客が自社の財やサービスを購入した場合にポイントを与え，自社の財やサービスの購入に用いることができる制度です。ポイントを使うことで，顧客が安くまたは無料で自社の買い物をできる特典を与えることで，競合他社から顧客を囲い込むという販売促進活動として小売業等で広く行われています。

ポイント制度については，従来，財やサービスの販売時に売上を計上する一方，将来利用が見込まれるポイント部分をポイント引当金として計上する実務が行われてきました。

しかし**ポイントは追加オプションの一形態**に該当するため，収益認識会計基準では，追加オプションとして会計処理します。つまり，ポイントが顧客にとって重要な権利に該当する場合，ポイントの独立販売価格に従い取引価格を配分し，その部分は売上とせず，契約負債として処理するのです（**§7-5**）。

ポイント制度は，自社がポイントを発行する場合だけではありません。第三者である会社が運営するポイントプログラムに参加する場合もあります。こうした場合，顧客は得たポイントをポイントプログラムに参加する任意の会社で利用することができます。したがってこの場合，ポイントの履行義務はポイントの運営会社にあります。このため，会社が顧客にポイントを付与した際は，契約負債ではなく，運営会社に対する未払金（金融負債）として処理することとなります。

## ポイント制度の会計処理

### 【ケース1】 自社ポイントの場合

- A社は，顧客に購入額の6％のポイントを付与する。
- 顧客は100,000円のサービスを購入し，6,000円のポイントを獲得した。
- 会社は，通常でも1％の値引販売を行っている。
- 会社は，過去の経験からポイントが将来80％行使されると見込む。

この場合の販売時の会計処理はどうなるか？

（単位：円）

| 履行義務 | 独立販売価格 | 配分 | 計算方法 |
|---|---|---|---|
| サービス<br>ポイント | 100,000<br>(※) 4,000 | 96,154<br>3,846 | 100,000×（独立販売価格100,000÷104,000）<br>100,000×（独立販売価格4,000÷104,000） |
| 合計 | 104,000 | 100,000 | |

（※）ポイントの独立販売価格：4,000
＝100,000×（6％－通常受けられる値引き1％）×行使される可能性80％

**販売時の仕訳**

| | | | | |
|---|---|---|---|---|
| （借方） 現金預金 | 100,000 | / | （貸方） 売上高 | 96,154 |
| | | | 契約負債 | 3,846 |

### 【ケース2】 他社ポイントの場合

- B社はC社が運営するポイントプログラムに参加している。当プログラムの下では，顧客がC社のポイントプログラムメンバーであることが表明された場合，購入額100円につきC社ポイントを1ポイント付与する。B社はC社にポイントの発行状況を知らせ，1ポイントにつき，1円を支払う。
- B社がC社のポイントプログラムメンバーであることを表明した顧客に100,000円の商品を販売した場合，どのような会計処理をするか？

**販売時の仕訳**

| | | | | |
|---|---|---|---|---|
| （借方） 現金預金 | 100,000 | / | （貸方） 売上高 | 99,000 |
| | | | 未払金（※） | 1,000 |

（※）1,000＝100,000×1％

# 7−7 追加オプションの付与③

## 代替的な取扱い

追加オプションが顧客に与えられる場合でこれが顧客にとって重要な権利の場合は，オプションの独立販売価格を見積もり，取引価格を配分します（§7-5）。しかしオプションの独立販売価格を算定するのは煩雑です。そこで，代替的な処理が認められています。具体的には，提供されると見込まれる財またはサービスの予想対価に基づき，取引価格を提供されると見込まれる財またはサービスに配分することができるのです。

ただし，どのような場合でもこの代替的処理がとれるわけではありません。代替的処理がとれるのは，追加オプションにより提供される財またはサービスが，以下をともに満たす場合に限定されます。

(1) **契約当初の財やサービスと類似している**
(2) **当初の契約条件に従って提供される**

顧客に追加オプションを付与するケースとして，**更新オプション**というものがあります。たとえば，製品の購入に合わせて保守等のメンテナンスサービスを申し込んだ際に，次年度以降の更新料を無料または割安で更新できるといった場合がこれに該当します。

更新オプションは，代替的な取扱いで要請される２項目を満たす場合が一般的であり，原則的取扱いをするか代替的取扱いをするか，選択適用することになります。

## 更新オプションの予想対価に基づく配分

**【具体例：保守サービスの更新オプション】**

- 会社は１年間の保守サービス契約1,000千円を100件締結した
- 顧客に１年後および２年後に同じ条件で契約更新するオプションを付与した
- 過去の経験から，毎期90%のオプションが行使されると見込まれる
- 上記オプションは契約しなければ受け取れない重要な権利と判断された
- 予想コストの比率で収益を認識することが合理的と判断された

**ステップ１：予想される対価の合計額の計算**

| | | |
|---|---|---|
| 1年目の予想対価 | 100,000千円 | ：1,000千円×100件 |
| 2年目の予想対価 | 90,000千円 | ：1,000千円×100件×90% |
| 3年目の予想対価 | 81,000千円 | ：1,000千円×100件×90%×90% |
| 合計 | 271,000千円 | |

**ステップ２：対価の配分（各期の予想コストの比率で配分）**

| | | |
|---|---|---|
| 1年目の配分額 | 69,845千円 | ：271,000千円×50,000千円÷194,000千円 |
| 2年目の配分額 | 88,005千円 | ：271,000千円×63,000千円÷194,000千円 |
| 3年目の配分額 | 113,150千円 | ：271,000千円×81,000千円÷194,000千円 |
| 合計 | 271,000千円 | |

（※）各期の予想コスト：1年目50,000千円，2年目63,000千円，3年目81,000千円，計194,000円

### 仕訳イメージ

**１年目の契約金受領時**

（単位：千円）

| | | | | | |
|---|---|---|---|---|---|
| （借方） | 現金預金 | 100,000 / | （貸方） | 契約負債 | 100,000 |

**１年目期末**（会社の予想に変化はなく90名の顧客が契約を更新したとする）

| | | | | | |
|---|---|---|---|---|---|
| （借方） | 契約負債 | 69,845 / | （貸方） | 売上高 | 69,845 |
| （借方） | 現金預金 | 90,000 | （貸方） | 契約負債 | 90,000 |

# 7−8 顧客により行使されない権利

## 販売したギフトカードが使用されない場合

ギフトカードは，それが流通する店舗で財やサービスと引き換えることができる金券です。ギフトカード販売時には，顧客から代金の前払いを受けるだけで履行義務を果たしていないので収益は認識しません。ギフトカードの対価は，財やサービスを移転するという履行義務として負債に計上し，履行義務充足時に収益を計上します。

しかし販売したギフトカードが使用されない場合もあり，どのタイミングで収益を認識すべきかが論点となります。顧客により行使されない権利（**非行使部分**）がある場合には，以下のいずれかの時点で収益を認識します。

- 顧客による権利行使がされない**可能性が高いと企業が見込む場合**
  - ➡ 顧客の権利行使のパターンと比例して収益を認識
- 企業が**履行義務を免れる可能性が極めて低いと見込む場合**
  - ➡ 残りの権利行使の可能性が極めて低くなったときに収益を認識

なお，非行使部分について履行義務を免れる可能性が高いかどうかの判定は，§5の変動対価に関する検討事項を考慮します。

**Key Word　非行使部分と変動対価**

発行した商品券やギフトカードがどの程度使用されるかについては，実質的には一種の変動対価の見積りと類似していると考えられます。そのため，将来，不確実性が解消された際に，収益の著しい減額が発生しない可能性が高い部分に限り，収益認識することになります。

## 非行使部分の会計処理までの流れ

将来，会社は，非行使部分の履行義務を免れる可能性が高いか

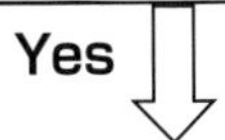


No

| Yes | No |
|---|---|
| 顧客の権利行使のパターンと比例して収益認識 | 残りの権利行使の可能性が極めて低くなったときに収益認識 |

**【前提条件：ギフトカードの販売】**

- 会社はX1年に1,000円のギフトカード1,000枚（1,000,000円）を販売した（期限は3年）。
- 会社は，過去の経験から，販売したギフトカードの20%（200,000円分）は非行使になると見込む（→将来行使されるのは1,000,000円のうち800,000円と見込む）。
- ギフトカードはX2年に500枚（500,000円），X3年に300枚（300,000円）行使された。

（単位：円）

| | 借方 | 金額 | 貸方 | 金額 |
|---|---|---|---|---|
| X1年 | （借方）現金預金 | 1,000,000 | （貸方）契約負債 | 1,000,000 |

（※）契約負債：1,000,000＝1,000円×1,000枚

| | 借方 | 金額 | 貸方 | 金額 |
|---|---|---|---|---|
| X2年 | （借方）契約負債 | 500,000 | （貸方）売上高 | 500,000 |
| | （借方）契約負債（非行使部分） | 125,000 | （貸方）売上高 | 125,000 |

（※）非行使部分：125,000＝非行使部分200,000×（行使部分の行使割合500,000÷800,000）

| | 借方 | 金額 | 貸方 | 金額 |
|---|---|---|---|---|
| X3年 | （借方）契約負債 | 300,000 | （貸方）売上高 | 300,000 |
| | （借方）契約負債（非行使部分） | 75,000 | （貸方）売上高 | 75,000 |

（※）非行使部分：75,000＝非行使部分200,000×（行使部分の行使割合300,000÷800,000）

# 7－9 返金不要の前払報酬

### スポーツクラブの入会手数料などの取扱い

契約の中には，取引開始日またはその前後に，顧客から返金が不要な支払いを受ける場合があります。代表例として，スポーツクラブの入会手数料，電気通信契約の加入手数料，サービス契約のセットアップ手数料，供給契約の当初手数料などがあります。このような前払報酬に関する収益の認識時点については，その前払報酬が約束した財またはサービスの移転を生じさせるものか否かで判断します。

返金不要な支払いは，一般に特定の財またはサービスの提供に対するということではなく，むしろ**将来の財やサービスの移転に関する前払としての性格が強い場合**が多く，このような場合には，**将来の財やサービスが提供されたときに収益認識**することになります。

一方で，特定の財またはサービスの移転を生じさせるものである場合には，これが別個か否かの検討（§4-3）を行ったうえで，履行義務の充足時に収益認識します。

ただし，返金不要の前払報酬に更新オプションが付随する場合（例：入会金のように，更新時には不要の場合）は，注意が必要です。これが顧客にとって重要な権利か否かの検討（§7-5）を行い，重要な権利の場合は，契約される期間を考慮して収益を認識することになります。

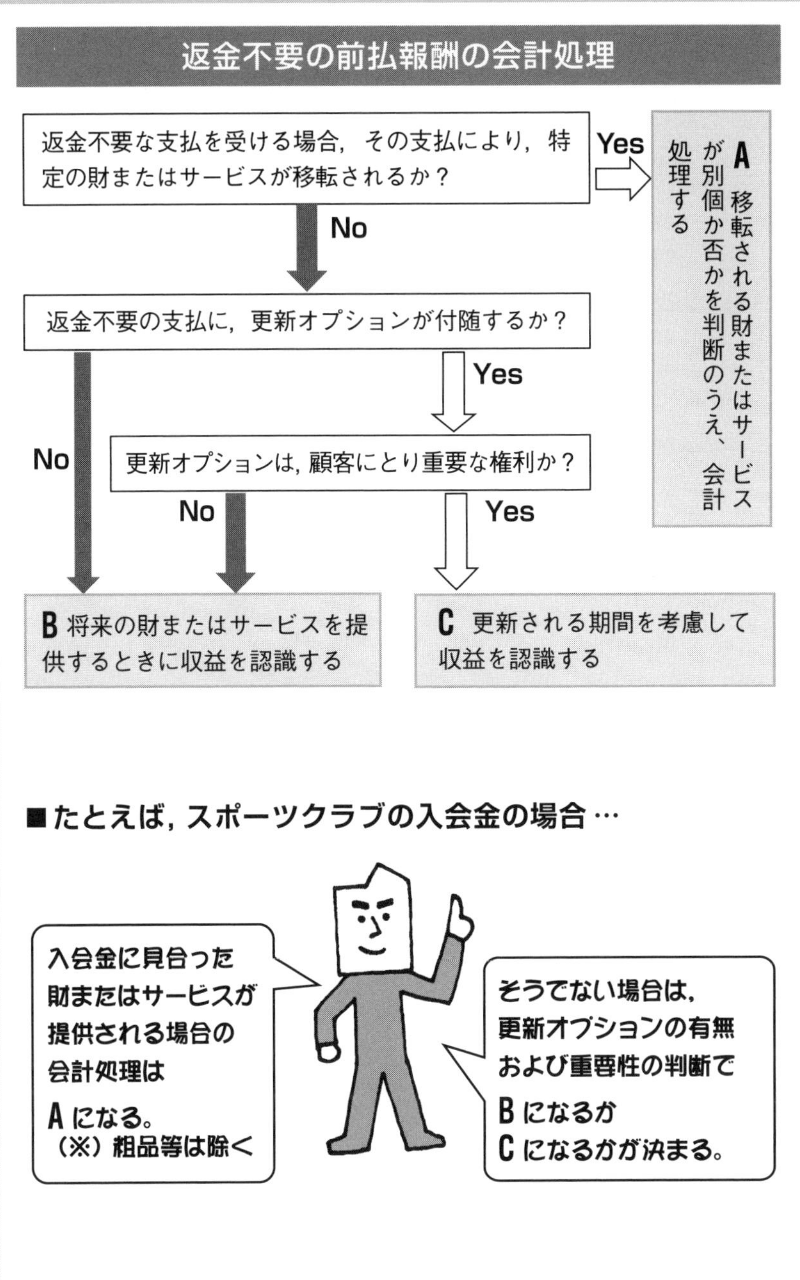
返金不要の前払報酬の会計処理
返金不要な支払を受ける場合，その支払により，特定の財またはサービスが移転されるか？
Yes
A 移転される財またはサービスが別個か否かを判断のうえ、会計処理する
No
返金不要の支払に，更新オプションが付随するか？
No
Yes
更新オプションは，顧客にとり重要な権利か？
No
Yes
B 将来の財またはサービスを提供するときに収益を認識する
C 更新される期間を考慮して収益を認識する
■たとえば，スポーツクラブの入会金の場合…
入会金に見合った財またはサービスが提供される場合の会計処理は
A になる。
（※）粗品等は除く
そうでない場合は，更新オプションの有無および重要性の判断で
B になるか
C になるかが決まる。

# 7−10 ライセンス供与の会計処理①

## ライセンス契約ってどういうもの？

**知的財産のライセンス**（使用許諾）により収益を得る場合があります。ライセンスの対象となる知的財産とは，人間の知的創造活動で生み出された財産的価値があるもので，たとえば，映画を配信する権利，ソフトウェアを使用する権利，特許を使用する権利などがあります。フランチャイズもライセンスの一形態です。

ライセンスは，その特有な性質のため，収益認識会計基準では，特にルールを設定しています。

特有な性質の１つは，提供方法です。ライセンスを提供する場合，売主が買主に対し，ライセンスに深く関係のある財やサービスを同時提供する場合があるためです。つまり，ライセンスが同時提供されるものと別個か否かにより，会計処理が変わってきます。

もう１つは，ライセンスという履行義務の充足パターンです。じつはライセンスのタイプにより，一時点で履行義務を充足するものと，充足が一定期間にわたるものがあります。そこでライセンスがいずれに該当するかで会計処理が変わってくるのです。

**Check!　これまでのライセンス契約の計上方法**

ライセンス契約といっても様々であり，その収益計上方法も様々でした。ライセンス期間が明確なものは，契約期間にわたって収益認識するのが一般的でした。一方で，期間の定めがなく，ライセンスを永続的に使用可能な場合は，販売時に収益認識する場合もありました。

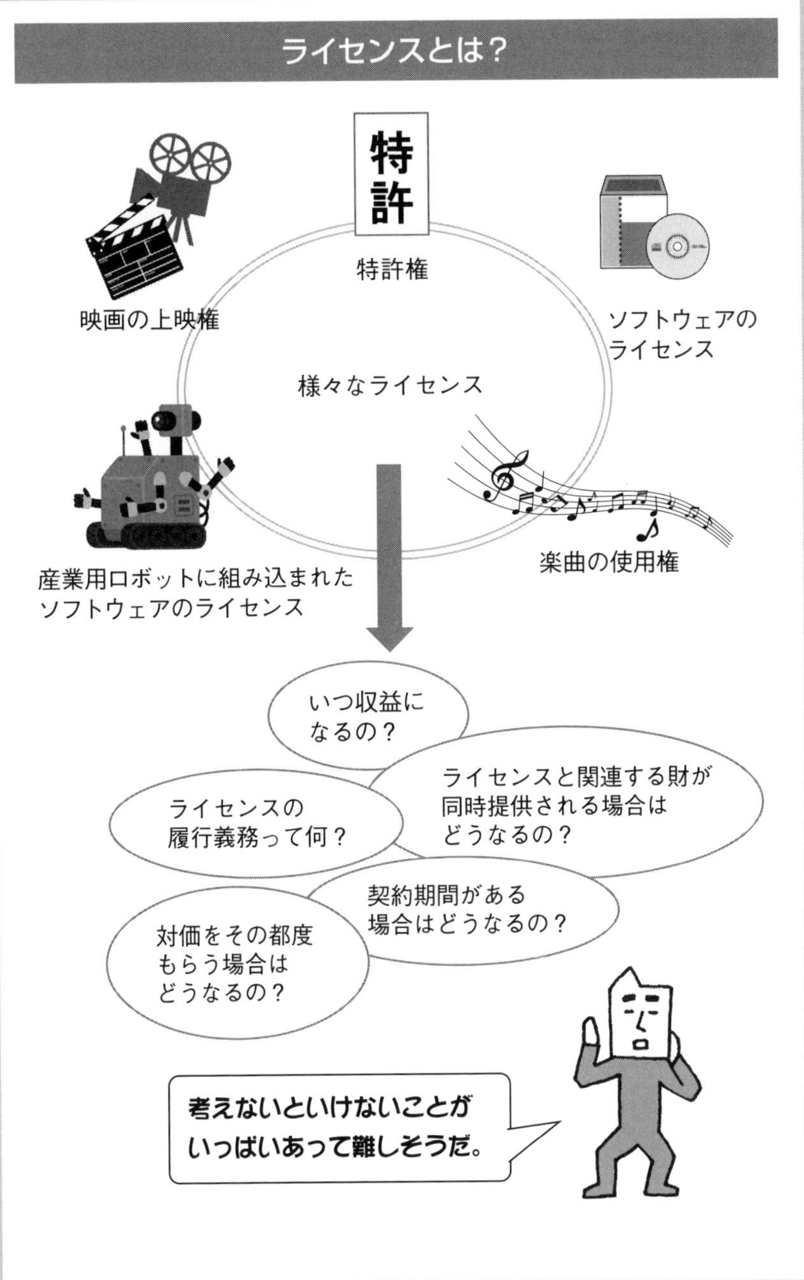
ライセンスとは？
特許
特許権
映画の上映権
ソフトウェアの
ライセンス
様々なライセンス
産業用ロボットに組み込まれた
ソフトウェアのライセンス
楽曲の使用権
いつ収益に
なるの？
ライセンスと関連する財が
同時提供される場合は
どうなるの？
ライセンスの
履行義務って何？
契約期間がある
場合はどうなるの？
対価をその都度
もらう場合は
どうなるの？
考えないといけないことが
いっぱいあって難しそうだ。

# 7−11 ライセンス供与の会計処理②

## Step1：ライセンスは同時提供されるものと別個か？

１つ目のライセンスの性質，すなわち，ライセンスの提供と同時に，これと関連のある財またはサービスが提供される場合を考えてみましょう。提供される財やサービスが複数ある場合は，まずこれらが別個か別個でないかを判定するのでしたね（**§4-3**）。

財またはサービスとライセンスがセット，つまり両契約が不可分である場合は，ライセンスは，財またはサービスの収益認識と合わせて計上します。たとえば，産業用ロボットに組み込まれたソフトウェアのライセンスは，産業用ロボットと束ねた状態で単一の履行義務と考えます。そのうえで束ねた履行義務が一時点で充足されるのか，一定期間にわたるのかを検討します。

一方，財またはサービスとライセンスが別個と判断される場合，取引価格をそれぞれに配分し，それぞれの履行義務の充足状況で収益を認識します（**§6**参照）。

では，ライセンスが単独で提供される場合，または同時に提供される財またはサービスとライセンスが別個と判断される場合，どのような会計処理にすればよいでしょうか。それには供与されるライセンス自体の性質を考える必要があります。これについては**§7-12**で見ていきます。

## ライセンス契約の認識単位

ライセンスと同時提供される財またはサービスがあるか？

→ あり

「ライセンス」と「同時提供される財またはサービス」は別個か？

→ 別個でない

ライセンスと同時提供される財またはサービスは，合わせて別個の束になる

例：産業用ロボットに組み込まれたソフトウェアの場合

**A**

束ねた履行義務が一時点で充足されるか，一定期間にわたり充足されるかを判断し，これに合わせ，収益を認識する。

→ 別個

ライセンスと同時提供される財またはサービスは，別個となる

例：ソフトウェアライセンスに顧客サポートサービスを付ける場合

**B**

取引価格をそれぞれに配分し，同時提供される財またはサービスは履行義務の充足状況に応じ収益認識する。

ライセンスについては**Step2**（§7-12）へ！

→ ない

例：プロ野球選手の肖像権

**C**

**Step2**

（§7-12）へ！

# 7-12 ライセンス供与の会計処理③

## Step2：アクセス権か使用権か？

ライセンス契約が別個である場合は，第２ステップとして，ライセンス自体の性質を検討します。ライセンスには，**アクセス権**という**ライセンス期間にわたり随時更新される知的財産**を利用する権利と，**使用権**という**ライセンスが供与される時点で会社に存在する知的財産**を利用する権利があります。前者の場合，会社は知的財産を更新し続けるため，履行義務の充足はライセンス期間にわたり，後者の場合，履行義務は一時点（ライセンス開始日）に充足すると考えます。収益認識会計基準では，右ページの(1)～(3)のすべてを満たす場合，アクセス権であるとしました。

たとえば，プロ野球選手の肖像権の場合，選手の肖像権を使用する顧客は，ライセンス期間の選手の活躍状況やチームの成績などの影響を受けます。また，別の財またはサービスの移転は行われないため，アクセス権と判定され，ライセンス期間にわたって収益を認識します。

一方，ある一時点に会社に存在する知的財産を使う権利であるソフトウェアライセンスの場合，右ページの(1)～(3)を満たさず使用権とされます。そこで，収益はライセンス開始日に認識します。

なお，ロイヤルティが売上高や使用量に基づく場合があります。この場合，変動対価の要素が含まれますが，普通の変動対価とは異なり，顧客がライセンス使用した時点とロイヤルティが配分される履行義務が充足された時点の**どちらか遅い時点**で収益認識します。たとえば，上記のプロ野球選手の肖像権の場合で売上高や使用量に基づくロイヤルティの場合は，期間に応じて収益認識するのではなく，この扱いとなります。

## 別個のライセンス契約の収益認識方法

**■ライセンス契約が別個（§7-11でBまたはC）の場合の収益認識は？**

以下の**すべて**を満たすか？

⑴　企業が知的財産等の内容に影響を与えることが合理的に期待される
⑵　⑴の結果，顧客が直接影響を受ける
⑶　⑴の結果，顧客に財またはサービスの移転は行われない

**すべて**満たす →

アクセス権であり，ライセンス期間にわたり収益認識をする
例：肖像権

**1つでも**満たさない →

使用権であり，ライセンス開始時に収益認識をする
例：ソフトウェアのライセンス

**ただし**　上記に関わらず，ライセンスのロイヤリティーが売上高や使用量に基づく場合は，取扱いが別になる

野球選手の管理会社Aが会社Bに選手の写真入りTシャツの販売を許諾する場合

■ 期間に応じたロイヤリティーを支払う。
➡管理会社Aは，ライセンス期間にわたり収益認識をする。

■ Tシャツの販売数に応じたロイヤリティーを支払う。
➡管理会社Aは，会社Bが販売数量に応じ収益を認識するときに，収益認識をする。

# 7−13 買戻契約①

**買戻契約は３パターンある!?**

顧客との取引のなかには，買戻しの権利や義務が付随する買戻契約があるということを**§4-8**でふれました。実は一口に買戻契約といっても，３パターンあるのです。

１つ目は，**A先渡取引**です。先渡取引とは，将来の特定の時期に特定のものを定められた価格で取引することの約束です。買戻契約でいうと，「販売した財を○年後に取引金額の○％の価格で買う」といった約束です。２つ目は，**B売主が財を買い戻す権利**（買主にとっては義務），３つ目は，**C顧客が売主に対し財の買戻しを要求する権利**（売主にとっては義務）です。B・Cは買戻請求権が，売主側にあるのか顧客側にあるのかが異なります。

さてこれらの３パターンの買戻契約は，販売された財の支配が顧客に移転しているか否かという観点で大きな相違があります。買戻しが決定事項であるAの場合，支配は顧客に移転していません。Bも売主側に権利があるので，顧客が支配しているとはいえません。しかしCは顧客側の権利です。顧客には購入した資産を返す義務はなく，資産から生じるリスクを負い，経済的利益を享受しています。このため支配は顧客に移転しているといえます。

A・Bの場合，支配が顧客に移転していないため，経済的実態はリース取引または金融取引となります。Cの場合は，支配が顧客に移転しているため，さらに詳細な条件を勘案したうえで，経済的実態を把握することが必要です。これについては，**§7-14**で解説します。

## 買戻契約のパターンと顧客の支配の関係は？

### A　先渡契約，または，B　売主側に買戻権がある場合

顧客

買戻しにそなえて
自由に使用・消費・売却などができないわ！

販売された財を顧客が支配しているといえない。

### C　顧客側に買戻請求権がある場合

買戻請求をする・しないは，
わたしの自由！
使用・消費・売却の制限はないわ！

販売された財を顧客が支配している。

### Check!　買戻しが実行されなかった場合

買戻請求権が定めた期間内に行使されない，つまり買戻しが実行されない場合もあります。それまで金融取引として対価を金融負債として処理していた場合は，権利が未行使のまま消滅したときに，金融負債を消滅させ，収益を認識することになります。

# 7−14 買戻契約②

**顧客に買戻請求権がある場合の実態の見分け方**

顧客に買戻請求権がある場合，顧客がその権利を行使する気があるか否かが経済的実態に影響します。経済的実態が金融取引やリース取引である（**§4-8**）というのは，財が買い戻されることが前提の議論だからです。顧客が権利を行使する可能性が高くない場合の経済的実態は，返品権付きの販売（**§5-4**，**§7-17**）となります。

収益認識会計基準では，権利を「行使する気があるのか」を「**経済的なインセンティブの有無**」と表現しますが，「A 買戻価格の条件」と，「B 取引開始時に顧客が重要な経済的インセンティブを持つか」の組み合わせで，経済的実態と会計処理は，以下のようになります。

| A　買戻価格の条件（※1） | B　顧客の経済的インセンティブの有無 | 経済的実態 |
|---|---|---|
| 買戻価格 ≧ 当初販売価格<br>かつ，買戻価格 ＞ 予想時価（※2） | | 金融取引 |
| 当初販売価格 ＞ 買戻価格 | あり | リース取引 |
| 予想時価 ≧ 買戻価格 ≧ 当初販売価格<br>または，当初販売価格＞買戻価格 | なし | 返品権付き販売 |

（※1）価格と当初販売価格の大小の比較にあたっては，時点が異なるため，金利相当分の影響の考慮が必要。

（※2）取引開始時に見積もった「買戻時の市場価格」

## 重要な経済的インセンティブの判断は？

**顧客が買戻請求権を有する場合の経済的実態の考え方はわかったけれど，インセンティブは顧客の内心…。どうやって判断すればよいのか？**

**【インセンティブに影響する要因】**

- 買戻価格①と買戻時点の見積市場価格②：①が②より著しく高い場合は，重要な経済的インセンティブになる
- 買戻請求権が消滅するまでの期間：長いほど行使確率が高まる

- A社がB社にX1/1/1にブルドーザーを50で販売
- B社はX3/12/31にA社に対し，ブルドーザーを30で買戻しを請求できる権利がある。
- X3/12/31のブルドーザーの市場価格をX1/1/1に見積もったところ，10だった。

**3年後のB社が**
- **A社に買戻しを請求すると，30で売れる。**
- **市場で売ると10でしか売れない。**

**……となると，B社にとって買戻権を行使する重要なインセンティブがあると判断できるな！**

### Key Word　インセンティブとは？

インセンティブとは，人にある行動を起こす動機付けのために，外部から与える刺激のことです。インセンティブにはボーナスや出世，名声等がありますが，経済的インセンティブは，そのうち「本人にとって金銭的利益をもたらす」動機付けを指します。

# 7−15 買戻契約③

## 有償支給は買戻契約か？

加工先に原材料を販売するという有償支給取引は，「**実質的な買戻契約**では？」と従来より言われてきました。どういう点でそう考えられるのでしょうか。有償支給取引の一般的条件⑴〜⑷を見てみましょう。

⑴ 委託先への材料支給にあたり，価格や決済条件が定められている。
⑵ 材料の所有権や加工や保管に伴うリスクは，委託先が材料を検収した時点で委託先に移転する。
⑶ 委託先は支給された材料を特定の製品の製造にしか使用できない。
⑷ 製品は，支給時の材料費に加工費が上乗せされた価額で買い取ることが支給時に定められている。

⑵より支給材料の所有権や加工や保管に伴うリスクは，委託先に移転します。しかし⑶のような制約より，実質的な支配は委託先に移転しているといえません。また，⑷のように支給時に買戻しを予定しているのであれば，価格変動リスク等の所有に伴うリスクや経済価値は，委託先に移転しているとはいえません。

このように有償支給時に収益を計上することは，**収益の二重計上**になるばかりでなく，**収益の先取り**にもなることが問題視されてきました。

**Check!　有償支給ってなに？**

材料の加工を外注する場合に，材料を無償で支給する場合と有償で支給する場合があります。外注先では材料のロスや不良が発生するリスクがあるのですが，これらの管理責任を外注先にさせるため，材料費相当額の支払いを受けたうえで加工を依頼することを有償支給といいます。

## 有償支給時に収益を計上すると？

**【前提条件】**

３月決算であるアパレルメーカーＡ社は，Ｔシャツの加工をＢ社に委託しており，機能性のある原材料を有償支給している。以下の取引の原材料支給時に①収益を計上した場合と，②収益を計上しない場合でどのような違いが出るか？

X1/3/1 原材料（原価700千円）を800千円で支給する
X1/4/1 Tシャツが全量納品される（買戻し価格1,000千円）
X1/5/1 Tシャツ全量を販売する（売価1,300円）

（単位：千円）

| | ①原料支給時に収益を計上 | | ②原料支給時に収益を計上しない | |
|---|---|---|---|---|
| X1/3/1　原材料支給 | 売上 | 800 | 収益も原価も利益も計上されない | |
| | 売上原価 | 700 | | |
| | 利益 | 100 | | |
| X1/4/1　Tシャツ納品 | 収益も原価も利益も計上されない | | 収益も原価も利益も計上されない | |
| X1/5/1　Tシャツ販売 | 売上 | 1,300 | 売上 | 1,300 |
| | 売上原価 | 1,000 | 売上原価 | 900 |
| | 利益 | 300 | 利益 | 400 |
| 累計 | 売上 | 2,100 | 売上 | 1,300 |
| | 売上原価 | 1,700 | 売上原価 | 900 |
| | 利益 | 400 | 利益 | 400 |

**①は②より，売上の累計が800千円多い。**
**これは，原材料支給時に収益計上したからだね。**
**利益の額は400千円と同じだが，**
**①はそのうち100千円をTシャツ販売時でなく，**
**原材料支給時に計上しているな。**
**買戻契約に該当するなら，原材料支給時に**
**利益計上をするのは，適切でないのでは？**

# 7−16 買戻契約④

**収益認識会計基準での有償支給の取扱いは？**

買戻契約であれば，有償支給時に収益を計上するのは，２つの点で問題です（§7-15）。

ただし，外注先に有償で原料等を支給する場合でも，取引内容や契約の形態はさまざまで，有償支給＝買戻契約とも限りません。したがって会計処理を検討する際は，**有償支給取引が買戻契約に該当するか否か**を検討する必要があります。たとえば，支給品を加工した製品の全量の買い取りを支給元（メーカー等）が約束している場合には，支給元は実質的に支給品の買戻義務を負っているといえます。一方，そうでない場合には，取引の実態を精査し判断する必要があります。

支給元が買戻義務を負っている場合には，支給先は支給品に対する支配を獲得していないことになります（§7-15）。したがって支給元は支給品譲渡に係る収益は認識せず，また支給品の消滅も認識しません。

一方，支給元が買戻義務を負っていない場合はどうでしょうか？　支給品に対する支配は，支給元から支給先に移転すると考えられます。このため，支給元は支給品の消滅を認識することになります。ただし，製品を買い戻した際，収益が二重に計上されると問題です。そこで支給品の譲渡に係る収益は認識しないことが適切とされました。

**買戻義務がある場合も，実務をふまえ，代替的な取扱いがあるよ。§8-7を見てね！**

## 買戻義務を負う場合，負わない場合の会計処理

**【前提条件】**

以下の，３通りの取引のＡ社の会計処理はどうなるか？

① Ａ社がＢ社に原材料（原価700千円）を800千円で支給した（Ａ社に買戻義務あり）

② ①と同じだが，Ａ社に買戻義務はない

③ Ａ社がＢ社に原材料（原価700千円）を800千円で販売した（Ａ社とＢ社には原材料支給以外の取引なし）

（※）①②は，いわゆる有償支給取引である。

| | 原材料の処理 | 収益の処理 |
|---|---|---|
| ① | 原材料の消滅は認識しない（Ａ社の棚卸資産として存在し続ける） | 収益は計上しない（利益も計上されない） |
| ② | 原材料の消滅は認識する（Ａ社の棚卸資産ではなくなるが，原価とはしない） | 収益は計上しない（利益も計上されない） |
| ③ | 原材料の消滅を認識する（Ａ社の棚卸資産ではなくなり，売上原価となる） | 収益を計上する（収益と原価の差額100千円の利益が計上される） |

# 7−17 返品権付きの販売

**顧客が返品できる場合はどうなる？**

**§5-4**で見たように，販売した財を顧客が返品できる場合があります。このような返品権付販売について，これまでは収益を計上したうえで，返品調整引当金を計上することが一般的な会計処理でした。

収益認識会計基準では，返品権付きの販売は，返品により販売数量が変動する可能性があることに注目します。つまり不確実な数量の販売契約となるため，変動対価の一形態と整理します。

そのため，販売時に受領する額の全額は収益計上されません。返品が見込まれる金額（売価ベース）は，**返金負債**として計上します。

また，返品が見込まれる財の原価相当額は**返品資産**として計上します。財を回収する権利には資産性があるという考えからです。なお，返品資産の計上額は，販売時の原価から，回収費用や価値の下落等を引いた額とします。

なお，返金権付きの販売が行われた場合は，決算日に，返金負債と返品資産の見積りが適切であるか，毎期見直す必要があります。

**Check!　返品資産と返金負債**

返品資産は将来，返品が行われた際に財を引き取ることができる権利を表しているため，その金額は返品される資産を引き取ったときの価値で測定します。一方で，返金負債は返品が行われた際に支払わなければならない金額となるため，支払見込額で測定されます。

## 返品権付き販売の会計処理

**【前提】**

小売業者であるA社は，購入後2週間以内，かつ，未使用なら，返品を受け付けている。A社は期末日に原価800円，売価1,000円の洋服100着を販売した。2週間以内の返品は4着であると見込む場合，会計処理はどうなるか？ なお，A社は，商品の回収コストに重要性はなく，また返品された商品は原価以上で販売できると見込んでいる。

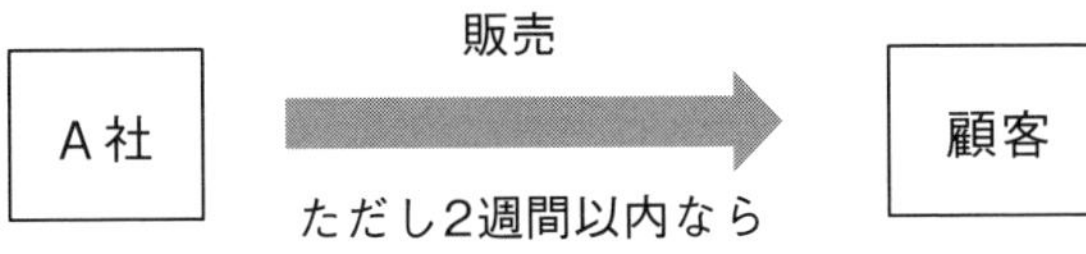


**返品可**

### ■商品販売時の仕訳

（単位：円）

| | | | | | |
|---|---|---|---|---|---|
| （借方） | 現金 | 100,000 / | （貸方） | 売上 | 96,000 |
| | | | | 返金負債（※1） | 4,000 |

| | | | | | |
|---|---|---|---|---|---|
| （借方） | 売上原価 | 76,800 / | （貸方） | 商品 | 80,000 |
| | 返品資産（※2） | 3,200 / | | | |

（※1）4,000円＝@1,000円×4着　（※2）3,200円＝@800円×4着

翌期に期末に販売した商品100着のうち，3着が返品期限内に返品された。

### ■返品時の仕訳

| | | | | | |
|---|---|---|---|---|---|
| （借方） | 返金負債（※3） | 3,000 / | （貸方） | 現金 | 3,000 |
| | 商品 | 2,400 / | | 返品資産（※4） | 2,400 |

| | | | | | |
|---|---|---|---|---|---|
| （借方） | 返金負債（※5） | 1,000 / | （貸方） | 売上 | 1,000 |
| | 売上原価 | 800 / | | 返品資産（※6） | 800 |

（※3）3,000円＝@1,000円×3着　（※4）2,400円＝@800円×3着
（※5）1,000円＝4,000円－3,000円　（※6）800円＝3,200円－2,400円

# 7−18 委託販売契約

**代理人に販売を委託する場合はどうなる？**

財を販売するにあたって，顧客へ直接販売せず，販売業者等を経由する場合があります。この場合，どのように収益を認識することになるのでしょうか。典型的には委託販売が該当しますが，販売業者等への財の引渡時点で，販売業者等が財に対する支配を獲得しているか否かで，処理が変わります。

⑴ 販売業者等が顧客に販売するまで（もしくは一定の期間が過ぎるまで），会社が財に対しての支配を保持している（支配が移転しているかの判断にあたっては§4-7参照）。
⑵ 会社が財の返還を請求できる，あるいは，第三者に財を販売することができる。
⑶ 販売業者等が無条件に財の対価を支払う義務を負っていない。

このような指標に該当する場合，販売業者等は財への支配を獲得していないとみなされ，収益認識時点は，販売業者等への財の引渡時ではなく，最終顧客に財が販売された時点となります。販売業者等が財に対しての支配を獲得していると判断される場合は，通常の販売契約と同じで，販売業者等に財を引き渡した時点で，収益認識をします。

**Check!　仕切精算書到達日基準は？**

現行基準では，仕切精算書が販売の都度送付される場合は，その到達日をもって収益計上することが認められていました。しかし，収益認識会計基準上，この方法には言及されておらず，慎重な検討が必要となります。

## 委託販売の会計処理

**【前提】**

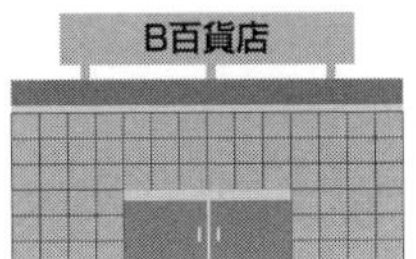


メーカーA社は，百貨店B社と委託販売契約を締結した。第1弾として，委託した商品1,000個（小売価格1,600円，販売手数料25%）については，800個売れたとの報告を受けた。この場合の①A社の収益計上時点，②B社の収益計上額はいくらになるか。なお百貨店B社は商品を支配していない。

**【委託販売の関係図】**

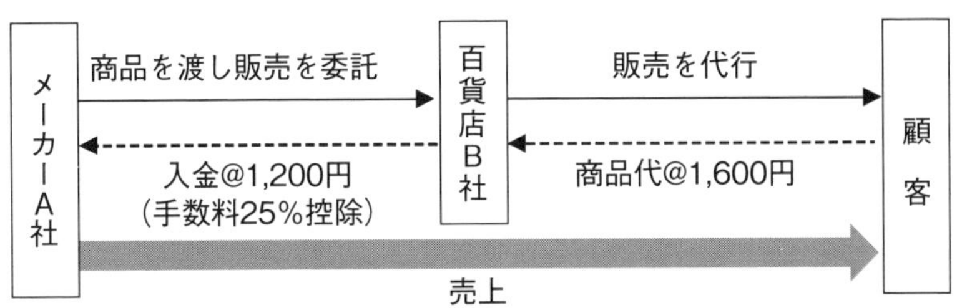


①A社の収益計上時点：B社が顧客に販売をした時点

②B社の収益計上額：320,000円

320,000円＝（1,600円×25%）×800個

**百貨店B社は，販売代行をするだけなんだ。つまり，委託販売元であるメーカーA社が本人，委託販売先である百貨店B社は代理人ということだね！**

# 7−19 請求済未出荷契約

## 出荷していないと収益にはならない？

保管場所がない，または，生産スケジュールが遅延しているといった顧客側の事情から，売主が物理的に支配している（未出荷）財の対価の請求を行う契約もあります。これを**請求済未出荷契約**といいます。

一時点で充足される履行義務については，資産に対する**支配が顧客に移転した時点**で収益を計上しますが，指標の１つに「顧客が資産を物理的に支配しているか」があります（§4-7）。請求済未出荷契約の場合，物理的に財を支配しているのは売主のため，顧客が資産を支配しているかについて，他の指標を慎重に判断することが求められます。収益認識会計基準では，下記の要件すべてを満たす場合，顧客が財の支配を獲得したとして，収益認識ができることとされました。

⑴　請求済未出荷契約を締結する合理的な理由があること
⑵　財が顧客のものとして区分して管理されていること
⑶　財を引き渡す準備が整っていること
⑷　財を他の顧客に引き渡したり，使用することができないこと

**Check!　請求済未出荷売上計上後の留意事項**

上記⑴〜⑷を満たす場合，売主が保管している財の所有権は顧客ということになります。つまり「販売後の保管」という追加サービスがなされるわけです。これが売主の履行義務と判断される場合は，取引価格の配分をすることになります。そこで「販売後の保管」サービスの履行義務を負っているが否かを判断する必要があります。

## 請求済未出荷契約

**【前提】**

A社は出荷期限が到来した製品について，得意先B社から請求済未出荷契約にしてほしいとの要請を受け，契約を締結した。収益認識をしてよいかの検討はどのように行うか？

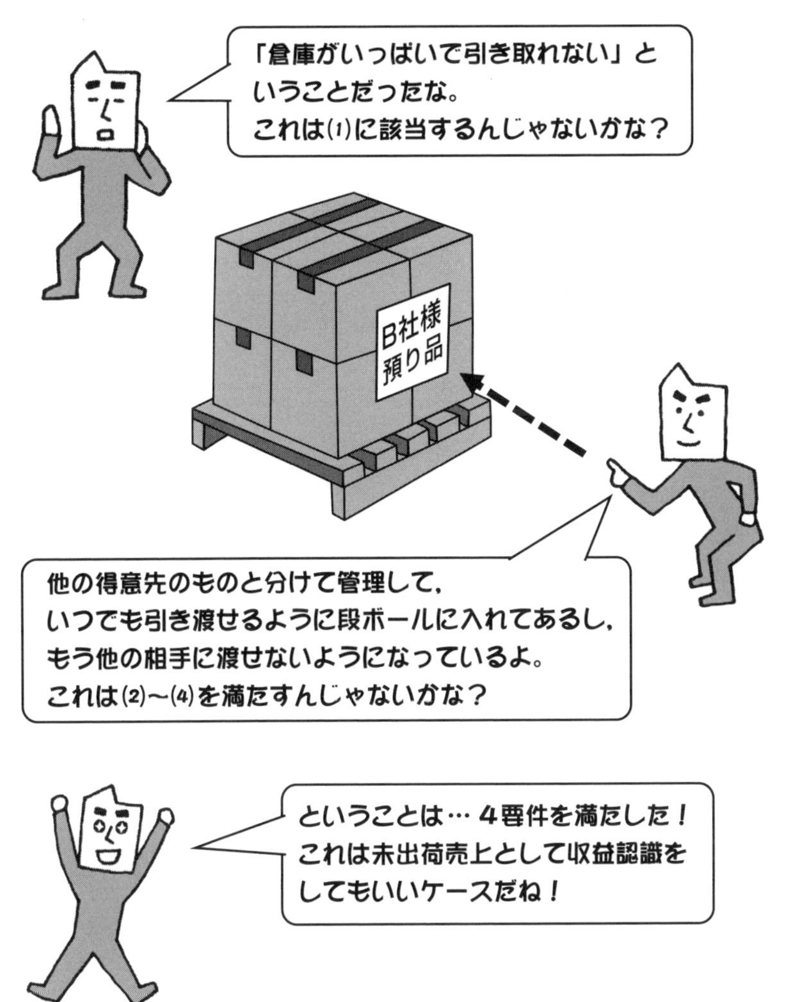

# 7－20 顧客による検収

**検収されないと収益にならない？**

**検収**とは，納品されたものが発注した仕様に合っているか検査して受け取ることです。検収は，資産の**支配が顧客に移転したか**の指標になります（**§4-7**）。では，顧客による検収がなければ，売主は収益を計上できないのでしょうか？　それは，納品されるものによります。

たとえば顧客仕様の部品の場合，検収が必要かもしれません。一方，標準品の場合は，型番等さえ確認すれば足ります。そこで収益認識には，前者では検収が必要である一方，後者では，検収は形式的なもので必ずしも必要ではないとされました。

なお，たとえば着荷時に収益計上する場合，顧客が検収するまでに他の履行義務がないかの検討が必要です。他の履行義務がある場合には対価の配分が必要です。

次に**試用販売**（財の販売にあたり，一定の試用期間があり，財を実際に試してから購入するか決められる契約）の顧客による検収と収益認識の関係を考えてみましょう。

通常の販売では「検収」により，顧客に支払義務が生じます。一方で試用販売においては，試用期間中に顧客が購入の意思表示をしなければ試用期間終了まで顧客の支払義務は確定しません。つまり，支配の指標である「企業が取引の対価を受け取る権利を有しているか」（**§4-7**）を満たさないのです。そこで試用販売では，顧客による検収か，試用期間終了まで，収益認識はできないのです。

## 顧客の検収と収益認識時点の関係

### ■ 通常の取引

例：顧客仕様の部品
➡注文通りの仕様か，検品が必要なら…

顧客検収により売主の履行義務が充足され，収益が認識できる。

例：標準品
➡型番のチェックで注文に合っているか確認できれば…

顧客受領（着荷）で売主の履行義務が充足され，収益が認識できる。

### ■ 試用販売

試用して顧客が気に入れば検収する，または試用期間終了まで売手は収益認識できない。

├──── 試用期間 ────┤

使って気に入った
➡検収する
➡収益認識可

気に入らなかった
➡検収しない
➡収益認識不可

試用期間終了後

支配

製商品の支配が
顧客に移転
➡収益認識可

# 7－21 工事契約等から損失が見込まれる場合

**損失が出るとわかったら引当金を計上する**

顧客の土地に建物の建設を行う工事契約については，一定期間にわたり履行義務が充足されると考えられることから，工事の進捗度に応じて収益計上を行います※（§4-9）。結果的に従来の工事進行基準と同様の取扱いとなります。

さて，工数が想定よりオーバーする，資材や人件費が高騰するといったことで原価が増えると，工事原価総額が工事収益総額を超過，つまり赤字が見込まれることがあります。これは①当期以前の事象に起因し，②将来の損失になるため，③赤字の可能性が高く，④金額を合理的に見積もることができる場合（引当金の４要件）には，引当金として処理することが必要です。引当額は，損失額のうち，すでに計上された損益の額を控除した額で，工事損失が見込まれた期の損失として処理を行います。受注製作のソフトウェアにおいても同様の取扱いです。従来の処理と特に変わりはありませんね。

※　進捗度を合理的に見積もることができる場合

**Check!　工事契約の会計処理が従来と変わらないわけ**

工事契約は，従来，工事契約に関する会計基準および工事契約に関する会計基準の適用指針に従い，会計処理されてきました。これらの会計基準は，相当程度，今回導入される収益認識の考え方が反映されていました。このため収益認識会計基準の適用による影響は，限定的であると考えられます。

## 工事損失引当金

企業はビルの建設工事を600で請け負った。工事はX３期末までの予定で，受注時点における工事原価総額の見積りは500であった。X１期末までに発生した工事原価は150であった。
X２期に発生した原価は250であったが，資材価額および人件費が高騰したため，原価が300増加する見込みとなった。そのため，契約額が700へと変更された。

■ X２期末の実績および着地見込み

| | X１期（実績） | X２期（実績） | X３期（見込） | 累計（見込） |
|---|---|---|---|---|
| 発生原価①<br>収益計上額② | 150<br>（※1）180 | 250<br>（※2）170 | （※3）400<br>（※4）350 | 800<br>700 |
| 損益（②－①） | 30 | △ 80 | △ 50 | △ 100 |

（※1）$180 = 600 \times \frac{150}{500}$　（※2）$170 = 700 \times \frac{150+250}{800} - 180$

（※3）400＝800－(150＋250)　（※4）350＝700－(180+170)

■ X２期末・決算

| （借方）工事原価 | 50 | /（貸方）工事損失引当金 | 50 |
|---|---|---|---|

COLUMN

## 収益認識会計基準と法人税法

平成30年度税制改正で，収益認識会計基準の対応が示されました。基本的には会計の取扱いが法人税法でも容認され，ポイントに係る契約負債，契約における重要な金融要素，割戻を見込む販売の見込割戻額，商品券等の非行使を含む部分等は，法人税法でも益金としない（会計と税務で差異が生じない）取扱いが認められました。これは会社にとっては，うれしいことでしょうね。

そのなかで，会計上は収益に含めないのに，法人税法上は益金で処理するものがあります。その１つが返品制度がある場合の返金負債です。つまり，計上される返金負債の額だけ収益が減るのに所得が減らないということです。それればかりか平成30年度税制改正で返品調整引当金も廃止が決まりました。制度自体が廃止になる（移行措置あり）ので，収益認識会計基準を適用しないような中小企業も影響を受けます。

出版業界では，返品率は４割を超えるとも言われており，返金負債は多額となることが予想されます。この部分も益金にしなければならないということは相当の痛手とも思われますね。

↑出版業界や製薬業界

# §8

# 重要性等に関する代替的な取扱い

収益認識会計基準が適用されると，これまでのすべての会計処理を変えなければならないのでしょうか？　いいえ，そんなことはありません。これまで日本で行われてきた実務に配慮し，財務諸表間の比較可能性を大きく損なわせない範囲で，代替的な手続が認められています。

§８では具体的な事例を交えながら，基本的な代替的な取扱いについて説明します。

# 8－1 代替的な取扱いが認められる理由

**財務諸表間の比較可能性を損なわせない範囲で認められる**

§7までの原則的な取扱いを行うと，これまでの実務と比べ，会計処理の手順が多くなる，財務システムの改修や事務手続きの見直しが必要となる等，実務に負担が強いられることが懸念されます。そのため，これまでの実務に配慮した，代替的な取扱いのニーズが出てきました。

一方で，これまでの取扱いを全面的に認めると，収益認識会計基準を定めた意義が失われます。そこで，原則的な取扱いを適用した場合と**比較可能性を損なわない範囲で**代替的な取扱いを認めることとなりました。

加えて，米国会計基準にも同様の取扱いが定められているという理由から代替的な取扱いが認められるものもあります。

**主な代替的な取扱い**

| 代替的な取扱い | 章 |
|---|---|
| 契約変更の重要性が乏しい場合 | §8-2 |
| 契約の結合，履行義務の識別，取引価格の配分 | |
| 工事契約および受注制作のソフトウェアの収益認識の単位 | |
| 顧客との契約の観点で重要性が乏しい場合 | §8-3 |
| 顧客が財の支配を獲得した後の出荷，配送活動 | |
| 重要性が乏しい財またはサービスに対する残余アプローチの使用 | §8-4 |
| 国内の商品・製品販売に関する出荷基準等の取扱い | §8-5 |
| 期間がごく短い工事契約および受注制作のソフトウェア | §8-6 |
| 契約の初期段階で進捗度が見積もれない場合 | |
| 船舶による運送サービス | |
| 有償支給取引 | §8-7 |

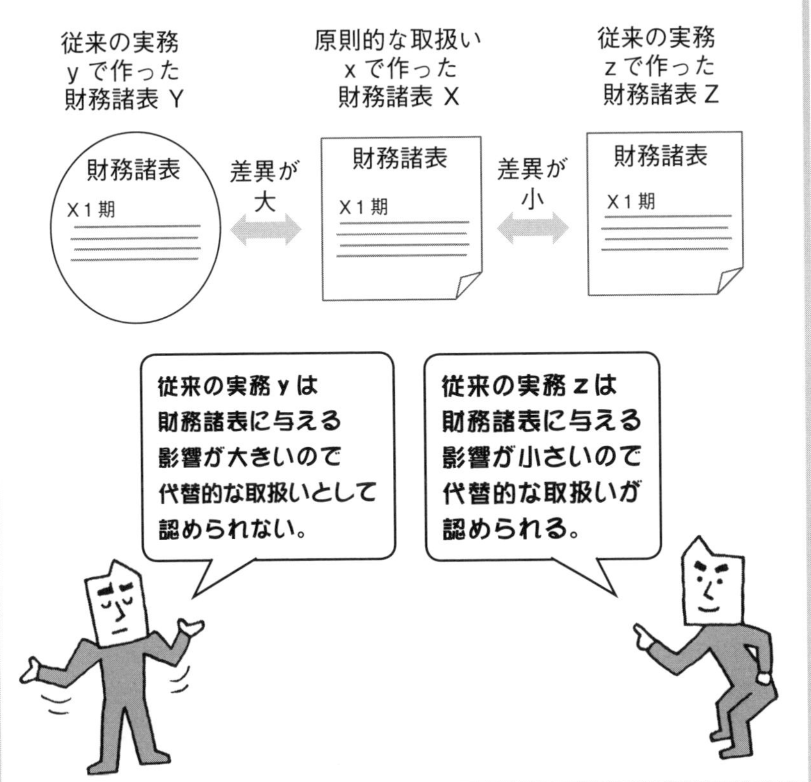


## Key Word　財務諸表間の比較可能性

　複数の財務諸表間を比較し，分析することが可能となるためには，財務諸表を作る考え方となる会計基準・会計方針が同一条件である必要があります。会計基準のコンバージェンスは財務諸表の比較可能性を高めるために行われます。

# 8−2 ステップ1における代替的取扱い

契約の識別

## ■ 契約変更

契約変更の内容が，既存の契約内容に照らして重要性が乏しい場合，以下のいずれの方法もとることができます。

・既存の契約を解約し新たな契約を締結したものと仮定し処理（§3-5）
・契約変更を既存の契約の一部であると仮定して処理（§3-6）
・契約変更を独立した契約として処理（§3-4）

## ■ 契約の結合，履行義務の識別，取引価格の配分

複数の契約でも，同一目的で同一顧客とほぼ同時に締結していれば，1つの契約とするのが原則です（§3-2）。しかし，従来の実務では，別個の契約とする場合もありました。そこで「それぞれが実質的な取引単位」で，かつ，「それぞれの金額が合理的に定められている」場合，別個の契約として収益を認識することが認められています。

## ■ 工事契約および受注制作のソフトウェアの収益認識の単位

工事契約および受注制作のソフトウェア（以下，「工事契約等」）の収益認識の単位は，他の取引と同様で，原則，当事者間で合意された実質的な取引の単位に基づきます。つまり，契約を結合するのは，同一の顧客（関連当事者を含む）と同時またはほぼ同時に締結した複数の契約に限定されます。しかし，工事契約等においては，異なる顧客と締結した複数の契約や，異なる時点に締結した複数の契約を結合することも，その影響に重要性が乏しい場合は認められています（右ページ参照）。

## 工事契約等の収益認識単位の取扱い

### ■複数顧客，契約時期にズレありのケース

複数顧客，
契約時期にズレがある
という事例って??

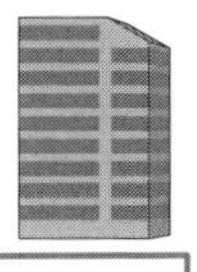

契約A

契約B

完成

建設時に
ビルオーナー
と契約

工事の最終段階に
ビルテナントと
内部造作の契約

工事の完成時期は
AもBも一緒

建設会社

1つの工事現場
だからまとめて
管理したい！

■原則　顧客単位で分ける

契約A　契約B

■代替

契約A＋B

原則と代替的な取扱いで重要な差異が出ない場合には，
契約を結合して取り扱うことが可能

# 8－3 ステップ2における代替的取扱い

履行義務の識別

ステップ2では，2つの代替的取扱いが認められています。

## ■ 顧客との契約の観点で重要性が乏しい場合

契約上，約束されている財またはサービスが，顧客との契約の観点で重要性が乏しい場合には，履行義務であるかどうかの評価を省略できます。たとえば設備の販売とその据付サービスをする契約で，据付サービスの重要性が乏しい場合には，履行義務としては設備の販売だけを考慮することができます。

## ■ 顧客が財の支配を獲得した後の出荷・配送活動

**顧客が財の支配を獲得後**に，売主がその出荷や配送活動を行う場合があります。どのような場合でしょうか？　たとえば，貿易条件がFOB（船積み時点で所有権・リスク・経費負担が買主に移転する）で，船積み後の配送サービスも売主が請け負う場合は，これに該当します。

顧客が財の支配を獲得した後の出荷・配送活動は，原則，「財の移転」とは別の履行義務になります。しかし代替的取扱いでは，これを「財を移転するための活動」として処理し，履行義務として識別しないことができます。履行義務として識別しない活動としては，契約管理活動がありますが，それと同様の取扱いとして処理するということです。

米国会計基準では，実務とコストと便益のバランスからこうした会計処理の選択を認めてきたのですが，これを参考にしたということです。

## ステップ2における代替的取扱い

### ■設備を据付工事込で販売する場合の履行義務

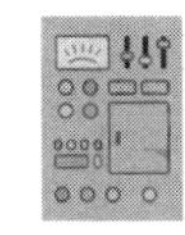

買主

| | | |
|---|---|---|
| 原則 | 設備の販売<br>対価　990 | 据付サービス<br>対価　10 |
| 代替 | 重要性が乏しい据付は履行義務として<br>評価しなくとも良い | |

代替的取扱いでは
設備の販売時に
全対価（*1,000*）の
収益認識がされる！

### ■顧客が財の支配を獲得した後の出荷・配送活動

例：FOB で配送活動も売主が 1,000 で請け負う場合

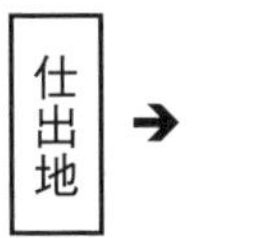


➔

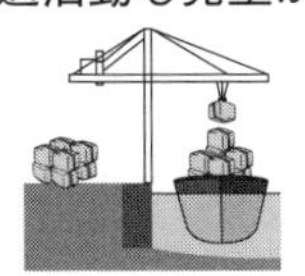

➔

➔

船積み
＝顧客が財を支配

配送活動

| | | |
|---|---|---|
| 原則 | 商品の販売<br>対価 900 | 配送サービス<br>対価　100 |
| 代替 | 商品の販売<br>対価　1,000 | 履行義務として<br>識別しない |

# 8－4 ステップ4における代替的取扱い

## 履行義務への取引価格の配分

ステップ４「履行義務への取引価格の配分」では，独立販売価格を直接観察できない場合の見積方法が３つ例示されています（§6-2）。このなかでは，残余アプローチ（取引価格の総額から観察可能な独立販売価格の合計額を控除して独立販売価格を見積もる）が一番簡単です。しかし簡単だから使用できるというわけではなく，採用するには条件があります（§6-2）。

たとえば，A，B，Cの商品を１セットとして販売する際，Cに残余アプローチを採用するには，**原則，以下のいずれかの条件が必要**です。

| |
|---|
| (1) 商品Cを異なる顧客に同時期に幅広い価格帯で販売している場合<br>(2) 商品Cの価格が決まっておらず独立して販売したことがない場合 |

しかし，**代替的取扱い**では，**商品Cの独立販売価格を直接観察できず，商品CがA，Bと比べ付随的で重要性がない場合，無条件に残余アプローチをとれる**のです。

これは，商品CがA，Bと比べて付随的，重要性に乏しければ，簡便的な残余アプローチを使用しても，他のアプローチを使用したときと比べて比較可能性を大きく損なうものではないと考えられるためです。

## ステップ4における代替的取扱い

### ■重要性が乏しい財またはサービスに対する残余アプローチの利用

**【前提】**

・旬の果物ジャムセット1,600円。販売は4月だが，配達時期はそれぞれ異なる。

・あんずジャムは，過去に販売していたことはあったが，現在，味やパッケージを改良中であり，単独で販売していない。

・配達時期が異なるため，取引価格を履行義務（各ジャムの販売）に配分する必要がある

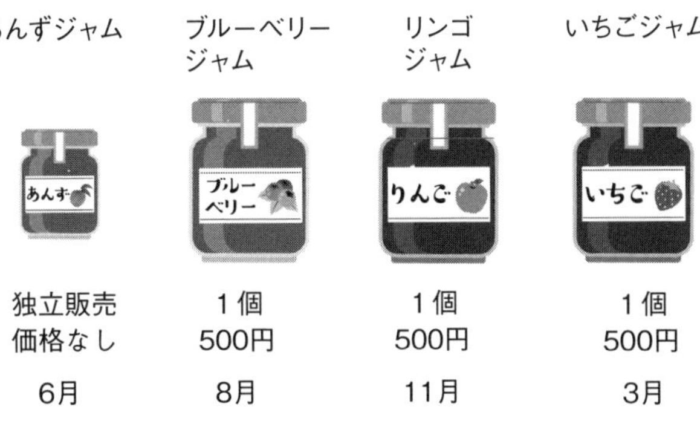


原則

あんずジャムの独立販売価格が観察できないが，左ページの(1)・(2)のいずれも満たさず，残余アプローチはとれない。

代替

あんずジャムはおまけ，つまり付随的であり，重要性に乏しい。

▼

残余アプローチがとれる。
あんずジャムの価格は
1600－500×3＝100円
とできる。

**代替的取扱いなら簡単に計算できる方法がとれる。**

# 8－5 ステップ5における代替的取扱い①

### 履行義務の充足による収益の認識：一時点

一時点で履行義務が充足される場合，支配が移転する一時点で収益を認識することが原則です（§4-7）。たとえば，商品を販売する契約で，契約において合意された仕様に従っていることにより財に対する支配が顧客に移転されたことを客観的に判断できる場合には，顧客が商品を受領するなどして支配が移転したことが示された時点で収益を認識します。

一方で，実務上，出荷を基準として収益を認識する実務が定着しています。これを実際に支配が移転したことが示された時点で収益を計上できるようにするためには，相手方の受領を確認するしくみ作りといった実務上の負担が生じます。そのため，商品または製品の国内販売においては，**出荷から支配の移転までの間が通常の期間である場合，出荷時点で収益を認識することができる**という代替的な取扱いが定められています。

こうした取扱いが認められるのは，国内取引であれば，通常，数日程度で配送・検収され，原則的な支配移転時と出荷時どちらであっても金額的な重要性は乏しいと考えられるためです。

**Check!　貿易の場合の支配移転のタイミング**

貿易の場合は契約で支配移転のタイミングが合意されます。しかし国によって用語の解釈に不一致があったりすることもあるため，国際商業会議所の定めた，インコタームズという貿易条件の定義があります。

インコタームズによって，支配移転のタイミングが異なります。

## ステップ5における代替的取扱い①

### ■これまで出荷基準で収益認識している場合

出荷日
3月29日
数日間
支配移転
4月1日

| | |
|---|---|
| 原則 | 支配移転の4月1日に収益認識することとなる。 |
| 代替 | 国内販売かつ出荷から支配移転まで数日ならば，これまでどおり，出荷時の3月29日に収益認識することができる。 |

### ■注意！輸出の場合

# 8－6 ステップ5における代替的取扱い②

### 履行義務の充足による収益の認識：一定期間

一定の期間で履行義務を充足する場合，見積もった進捗度に基づき，収益を一定の期間にわたり認識します。その際に，①進捗度が合理的に見積り可能であれば，進捗度に応じた収益を計上することになります。また，②進捗度が見積もることができない場合であって，かつ費用の回収は見込まれる場合，合理的に見積り可能になるまで，費用計上額で，収益を計上することになります（原価回収基準§4-9）。

①の代替的取扱いとして，期間がごく短い工事契約および受注制作のソフトウェアの場合，進捗に応じて収益を認識するのではなく，履行義務を充足した時点での収益認識が認められます（従来の工事完成基準）。

②の代替的取扱いとして，契約の初期段階においては，進捗度を合理的に見積もることが可能となる時点まで，収益を計上しない取扱いが認められています。これは，契約の初期段階では費用の額に重要性が乏しく，収益を計上しなくとも比較可能性を大きく損なうものではないと考えられるからです。

**Check!　船舶による運送サービス**

船舶による運送サービスは，発港地から寄港地まで一定の期間を要します。この期間が通常の期間である場合には，複数の顧客の貨物を積載する船舶の一航海を単一の履行義務としたうえで当該期間にわたり収益を認識することができます。

## ステップ5における代替的取扱い②

### ■期間がごく短い工事契約および受注制作のソフトウェアの場合

原則：工事の進捗に応じて収益を認識する。⇨

代替：短期間であれば，工事完了時に収益認識することができる。➡

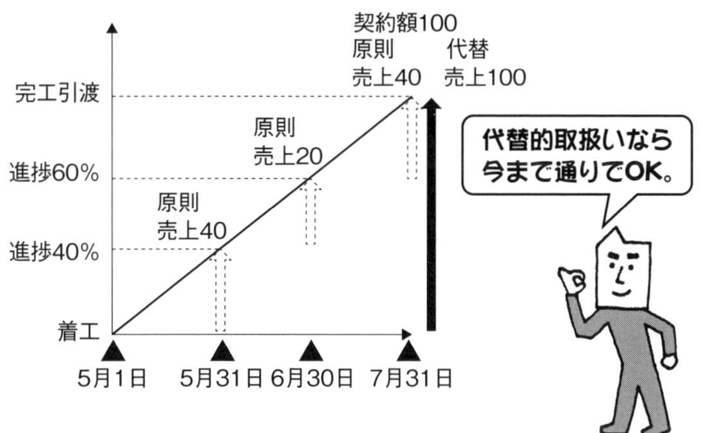


### ■契約初期段階で進捗度が見積もれない場合

原則：発生費用の回収が見込まれている場合，進捗度不明の期間は，回収が見込まれる費用の額で収益計上

代替：発生費用の額に重要性が乏しいと考えられる契約初期段階の進捗不明の期間は収益計上しなくともよい。

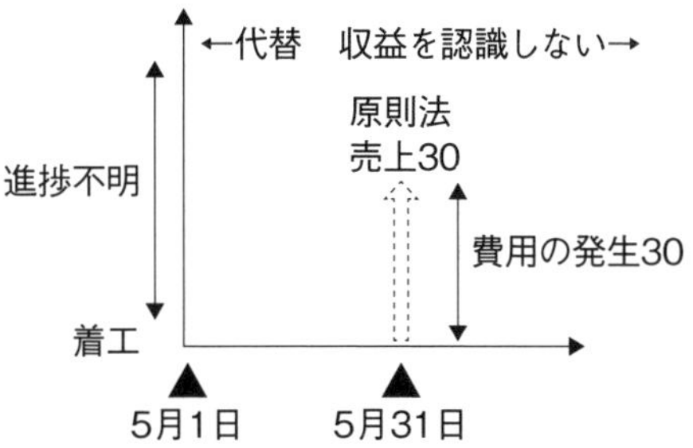

# 8－7 その他の代替的取扱い

## 有償支給取引

有償支給取引で，支給元が支給品の買戻義務を負う場合，支給品の譲渡に係る収益を認識せず，また，**支給品の消滅も認識しません**（§7-16）。

支給品の消滅を認識しないということは，期末棚卸資産に計上するということで，数の管理だけでなく状態を把握し，評価も行わなければならないということです。しかし，譲渡された支給品は通常，支給先に存在し，支給先が在庫管理を行うことが一般的です。こうした資産について，実在性や評価を把握することは，実務上，負担とも考えられます。

そこで**代替的取扱いとして，個別財務諸表に限り買戻義務がある場合も，支給品の譲渡時にその支給品の消滅を認識することができる**とされました。

ただし，支給品譲渡に係る収益を認識すると，最終製品の販売との収益との二重計上となり不合理です（§7-16）。そこで，代替的取扱いを用い，資産の消滅を認識する場合も，支給品譲渡に係る収益は認識しないことが適切とされました。

**Check!　消えた有償支給取引の仕訳**

有償支給取引についての設例は，公開草案時点ではありましたが，公表された基準では示されていません。事実および状況に応じて処理が異なり得るにもかかわらず設例を示すことにより特定の処理が要求されているという誤解を生じるという懸念から削除されたと考えられます。

## 原則的取扱い vs 代替的取扱い

**【前提】**

メーカーＡ社は外注先Ｂ社に原材料（原価700千円）を800千円で支給した（Ａ社に買戻義務あり）。この場合，原則的取扱いと代替的取扱いで，どのようなちがいが生じるか？

| | 原則的取扱い | 代替的取扱い |
|---|---|---|
| 収益 | 原材料支給に係る収益は認識しない | 原材料支給に係る収益は認識しない |
| 原価 | 原材料支給に係る原価は認識しない | 原材料支給に係る原価は認識しない |
| 原材料 | 原材料の消滅は認識しない<br>➡期末在庫の実在性や評価の把握が必要 | 原材料の消滅を認識する<br>➡期末在庫の実在性や評価の把握は不要 |

COLUMN

## なくなるのは検針日基準だけではない…

2021年３月26日に「収益認識に関する会計基準の適用指針」の改正が行われました。改正内容は，電気事業及びガス事業における検針日基準の取扱いです。

検針日基準とは，電気・ガス等の販売において，検針日で売上を計上する基準です。検針日から決算日までの使用量は，検針員が使用者のメーターを確認することが実務的に困難であることから検針日基準が広く用いられてきました。しかし，検針日基準を認めた場合，「財務諸表の比較可能性を大きく損なわないとは言い切れない」ということで，認められなくなりました。改正後は，検針後の使用量を見積もることで収益を計上することとなります。

こうして会計の世界で検針日基準がなくなったのですが，検針の現場も消えつつあります。スマートメーターという遠隔・自動で使用量を把握できる機械が普及しつつあるからです。電力については東京電力が導入済みで，日本全体でも2024年度末までに導入完了の予定です。都市ガスはこれより遅れていますが，2030年代半ばに大手３社が，日本全体でも2040年代には導入完了予定ということです。

我々の子供や孫の時代には「検針」という言葉自体がなくなってしまうかもしれませんね。

# §9

# 表示と開示

2020年に改定された収益認識会計基準で，表示や注記の取扱いが示されました。表示はどのように変わるのか，どのような注記が求められるのか，概要を見ていきましょう。

# 9－1 P/Lの表示科目は

## 表示に係る３つのルールとは？

収益認識会計基準ではP/L表示について３つのルールを定めています。

> (1) 顧客との契約から生じる収益は，**適切な科目**（例　売上高，売上収益，営業収益等）で表示する。
> (2) 顧客との契約から生じる収益は，それ以外の収益（収益認識会計基準の範囲外の取引（**§2-1**）から生じる収益）と区分表示するか，内訳を注記する。
> (3) 顧客との契約に**重要な金融要素が含まれる場合**（**§5-6**），顧客との契約から生じる収益と金融要素（受取利息または支払利息）の影響を**損益計算書において区分して表示**する。

(2)の「それ以外の収益」では区分表示と内訳の注記の選択が可能です。これに対し，(3)の「重要な金融要素が含まれる場合」では，区分表示のみが可で，注記による方法は認められていません。なぜでしょうか？

重要な金融要素は，一般的には営業外損益となります。この場合，注記方式を認めたらどうなるでしょうか。本来は，営業外損益区分に計上されるべき重要な金融要素が，売上区分に計上されます。つまり，注記方式を認めると，損益計算書の段階損益が変わってしまうという問題が生じるのです。これは財務諸表の比較可能性という点で大きな問題です。そこで注記方式が認められなかったと考えられます。

## 金融要素を注記で示すことの問題点は？

**【前提条件】** 売上高のグロスが10,000であるが，重要な金融要素（受取利息）が500含まれている場合

### 損益計算書

| 項目 | | | 自　X/X/X<br>至　X/X/X |
|---|---|---|---|
| 経常損益の部 | 営業損益の部 | 売上高 | 9,500 |
| | | 売上原価 | 6,000 |
| | | 売上総利益 | 3,500 |
| | | 販売費および一般管理費 | 1,800 |
| | | 営業利益 | 1,700 |
| | 営業外損益の部 | 営業外損益 | |
| | | 受取利息 | 630 |
| | | 営業外収益合計 | 770 |
| | | 営業外費用合計 | 340 |
| 経常利益 | | | 2,130 |

（＝10,000－500）

重要な金融要素が500含まれる。

区分表示しない場合は，
売上高が10,000（9,500+500）となり，
売上総利益が4,000（3,500＋500），
営業利益が2,200（1,700+500）
と，段階損益が変わってしまう。

注記で影響額が算定できるとしても，
損益計算書の段階損益が
変わってしまうというのは，国際的な
比較可能性から望ましくないね。

# 9－2 B/Sの表示科目は①

## 貸借対照表の適切な科目表示とは

収益認識会計基準では，顧客との契約から生じた債権（以下，「売上債権」という），契約資産，契約負債といった概念が示されています。そしてこれらを適切な科目で表示することが求められています。

| 項目 | 定義 | 科目例 |
| --- | --- | --- |
| 売上債権 | 財またはサービスと交換に受け取る対価に対する権利のうち，**法的な請求権が確定したもの** | 売掛金，営業債権等 |
| 契約資産 | 財またはサービスと交換に受け取る対価に対する権利のうち，**法的な請求権が未確定なもの** | 契約資産，工事未収入金等 |
| 契約負債 | 財またはサービスを顧客に移転するという義務を履行する前に対価を受け取ったもの（または受取期限が到来しているもの） | 契約負債，前受金等 |

## 契約資産と売上債権の計上時期は？

**【前提条件】** 履行義務の充足が一時点の場合／製品X（対価60）と製品Y（対価100）を同一顧客に売る契約（製品Xと製品Yは別個の財と判定される）

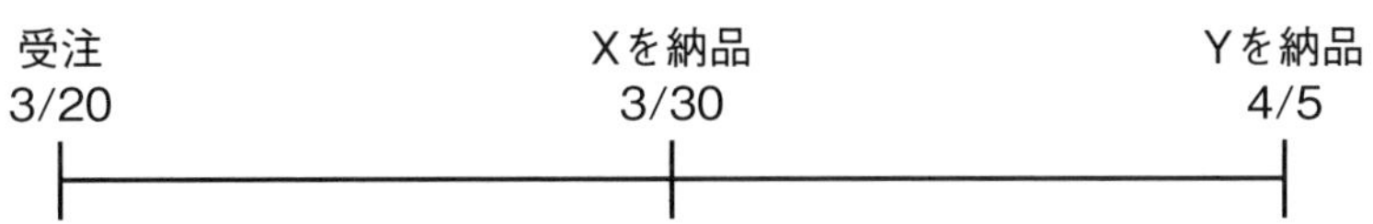


【ケース1】法的請求権について履行義務以外に定めがない場合：履行義務の充足と法的請求権は一致する

| | | | | | |
|---|---|---|---|---|---|
| 3/30 | （借方）売上債権 | 60 | （貸方） | 売上 | 60 |
| 4/5 | （借方）売上債権 | 100 | （貸方） | 売上 | 100 |

【ケース2】XとYの両方を納品した時点で法的請求権が生じる定めがある場合：先行するXを納品した時点では売上債権でなく，契約資産が計上される

| | | | | | |
|---|---|---|---|---|---|
| 3/30 | （借方）契約資産 | 60 | （貸方） | 売上 | 60 |
| 4/5 | （借方）売上債権 | 160 | （貸方） | 売上 | 100 |
| | | | | 契約資産 | 60 |

# 9－3 B/Sの表示科目は②

**貸借対照表科目に顧客との契約以外から生じたものが含まれている場合**

貸借対照表の表示については，下記も求められます。

> 契約資産と売上債権のそれぞれについて，他の資産と**区分表示しない場合**，また契約負債と他の負債を**区分表示しない場合は，これらの残高を注記する。**

区分表示の目的は，契約資産・契約負債・売上債権を区別するための十分な情報を開示することにあります。

しかし従来の実務では，これらと他の資産や他の負債を区分表示しない場合があります。たとえば「前受金」には，契約負債のほか，顧客からの契約以外から生じたものが含まれることがあります。もし，こういった混在表示が認められなければ，貸借対照表の科目がいたずらに増えたり，わかりづらくなったりするおそれがあります。また「十分な情報」のためには，それぞれの残高の注記でも足りると考えられます。そこで区分表示をしない場合は，これらの残高の注記をすればよいということになりました。

なお，契約資産と売上債権は，他の資産との区別だけでなく，それぞれの区別が必要です。いずれも売上の相手科目ですが，売上債権は法的請求権が確定済み，契約資産は未確定です。区分表示により，財務諸表利用者はこうした情報も入手できるというわけです。

## 契約負債と他の負債を区分表示しない例

**【前提】** 貸借対照表上，下記の内容が前受金として一括表示される場合

| | | | |
|---|---|---|---|
| ポイントに係る負債 | 80 | 契約負債 | 210 |
| 商品券 | 30 | | |
| 顧客との契約に係る前受金 | 100 | | |
| リース取引に係る前受金 | 50 | → 他の負債 | 50 |

（貸借対照表）

前受金　260

契約負債の額が把握できない。

（貸借対照表関係）
前受金のうち，契約負債の残高は210であります。

貸借対照表で区分表示していなくても注記があれば、把握できるね！

# 9－4 契約資産の取扱い

**貸倒引当金と外貨換算の取扱いはどうなる？**

2018年に発表された収益認識会計基準（以下，「2018年基準」）では，契約資産は金銭債権として取り扱うこととされていました。しかし，国際的な会計基準における取扱いをふまえ，2020年改正基準では，その取扱いに係る文言を削除し，**契約資産が金銭債権に該当するか否かについて言及しない**ことにしました。つまり，基準改訂により契約資産の性質が見直されたのです。

これで新たな問題点が生じました。**金銭債権であれば当然に決まっていた処理を１つ１つ確認する必要が生じた**のです。

１つは貸倒引当金の取扱いです。金銭債権でない場合，契約資産の消滅時等の会計処理を明確にする必要があります。これについては金融商品会計基準における債権の取扱いに準じて処理することとなりました。その結果，2018年基準の取扱いと変わらないこととなりました。

もう１つは外貨換算の取扱いです。これについても外貨建取引等会計処理基準の外貨建金銭債権債務の換算の取扱いに準じて処理することになり，2018年基準の取扱いは継続することになりました。

## 契約資産の具体的な取扱いは？

契約資産が金銭債権に該当するか否か言及されないとなると，たとえば貸倒引当金の処理はどうするのかという問題が生じる。これに対し，金融商品の取扱いに準じて処理することとされた。その結果，取扱いは2018年基準と変わらない。

**契約資産の1つ，工事未収入金が従来，従っていた「工事契約に関する会計基準」の取扱いとも変わらない。実務の移行はスムーズにいきそうだね！**

| | 2018年基準 | 2020年改正基準 | 性質・取扱い等 |
|---|---|---|---|
| 会計上の性質 | 金銭債権に該当 | 金銭債権に該当するか否か言及しない | **変わった** |
| 貸倒引当金 | 金融商品会計基準に従い計上する | 金融商品会計の債権の取扱いに準じて処理する | **変わらず** |
| 外貨換算 | 外貨建取引等会計処理基準に従う | 外貨建取引等会計処理基準の外貨建金銭債権債務の換算の取扱いに準じて処理する | **変わらず** |

ちなみに，外貨建取引等会計処理基準の外貨建金銭債権債務の換算の取扱いは以下のとおり。

【取引日】

原則：取引日の直物為替レート，または，合理的な基礎に基づいて算定された平均レート

容認：取引日の直近の一定の日における直物為替レート

【決算日】

原則：決算日の直物為替レート

容認：決算日の前後一定期間の直物為替レートの平均（決算日の直物為替レートが異常だと認められる場合）

# 9－5 注記にかかるポリシー

**開示目的を定めたうえで，注記の開示の要否は会社が決定**

わが国では，国内外の会社間における財務諸表の比較可能性の観点から，これまでさまざまな会計基準でIFRSとのコンバージェンスが行われてきました。基本的な原則はIFRSを取り入れつつ，これまでの実務等に配慮すべき項目がある場合や重要性がないものについては例外を設けるといった対応もされてきました。

収益認識会計基準では，2018年に**会計処理の取扱い**が示されましたが，これも同様の対応でした。しかし2020年改正で**注記事項**が定められるにあたっては，IFRSを全面的に取り入れることに懸念の声も聞かれました。これにより収益認識の注記が大幅に増えること，従来のコンバージェンスでも注記は必ずしもそのまま取り入れていなかったことからです。検討の結果，以下のポリシーがとられることになりました。

⑴　包括的な定めとして，IFRS第15号と同様の**開示目的**及び**重要性の定め**を取り入れる。また，原則，IFRS第15号の注記事項のすべての事項を注記事項とする。

⑵　会社の実態に応じて個々の注記の開示の要否を判断することを明確にし，**開示目的に照らして重要性に乏しいと認められる項目については注記しないことができる**ことを明確にする。

収益の財務情報としての重要性から，注記事項についても比較可能性を重視しつつ，開示目的に照らし，会社自身が注記開示の要否を判断することとし，有用性の確保も図ったのです。

## 収益認識会計基準の注記事項は？

注記事項のルールは，原則，IFRS第15号の全要素を収益認識会計基準に取り込むが，注記開示の要否の判断は会社自身が行うことにした。

IFRS第15号
注記ルール

注記ルールは，
原則，すべて
取り入れた

比較可能性○

収益認識会計基準
注記ルール

注記開示の要否は，
開示目的と重要性の
定めを示したうえで，
会社に行わせる

会社の負荷削減○
有用性○

収益認識注記

**開示目的は，**
**§9-7を**
**見てね！**

# 9－6 重要な会計方針の記載内容

**あえて内容を特定した理由**

収益認識会計基準に係る重要な会計方針の記載内容について，審議過程では会社が判断することを検討していました。しかし，それでは，収益を認識するための５つのステップのように代替的な会計基準が認められていない部分については省略する会社としない会社が出てきます。また，会計方針の記載箇所が「重要な会計方針」と「収益認識に関する注記」とばらつく可能性もあります。そこで最低限，下記の事項については，重要な会計方針に記載すべきとされました。

(1) 会社の主要な事業における主な履行義務の内容
(2) 履行義務を充足する（会社が収益を認識する）通常の時点

(1)・(2)以外にも，重要な会計方針に含まれると会社が判断した内容については，重要な会計方針として注記することになります。

## 重要な会計方針の記載内容

たとえば，主たる事業が⑴注文住宅事業と⑵建売住宅事業なら……

⑴ 注文住宅事業
主な履行義務：顧客との請負工事契約に基づき，設計・施工を行う義務を負う。
義務を充足する通常の時点：一定期間にわたり充足される履行義務であり，契約期間にわたる設計・工事の進捗に応じて充足されるため，進捗度に応じて収益を計上する。

⑵ 建売住宅事業
主な履行義務：顧客との不動産売買契約に基づき，物件を引き渡す義務を負う。
義務を充足する通常の時点：履行義務は物件を引き渡す一時点で充足され，物件の引渡時点で収益を計上する。

財務諸表利用者の
収益に対する理解可能性を
高めるものになるね！

# 9－7 収益認識に関する注記①

**注記の開示目的と，開示項目は？**

収益認識に関する注記の**開示目的**は，顧客との契約から生じる収益およびキャッシュ・フローの性質，金額，時期および不確実性を財務諸表利用者が理解できるための十分な情報を会社が開示することです。

この開示目的のために，以下の項目を収益認識に関する注記とすることが定められました（ただし，開示目的から重要性が乏しいと認められる場合は省略可）。

(1) 収益の分解情報
(2) 収益を理解するための基礎となる情報
　i 契約及び履行義務に関する情報
　ii 取引価格の算定に関する情報
　iii 履行義務への配分額の算定に関する情報
　iv 履行義務の充足時点に関する情報
　v 本会計基準改正案の適用における重要な判断
(3) 当期及び翌期以降の収益の金額を理解するための情報

(1)については，各報告セグメントの売上高との関係性がわかるように作成する必要があります（右ページ参照）。

(3)については，審議の過程で実務上の負担が懸念されました。しかし，負担の重さを理由として，わが国だけがこの注記を取り入れないことは適切でないとされました。そこで負荷削減の取扱いを設けたうえ，注記を求めることになりました（詳細は§9-8参照）。

## 収益の分解情報のイメージは？

**【開示例】**

報告セグメントが金属と電力，主たる地域市場が日本，アジア，北米の会社の場合で，分解区分を「財またはサービスの種類」「地理的区分」「財またはサービスの移転の時期」とした場合

セグメント情報と一致する

| 地域市場＼セグメント | 金属 | 電力 | 合計 |
|---|---|---|---|
| 日本 | 3,000 | 800 | 3,800 |
| アジア | 2,000 | - | 2,000 |
| 北米 | 1,400 | - | 1,400 |
| | 6,400 | 800 | 7,200 |
| 収益認識の時期 | | | |
| 一時点で移転される財 | 6,400 | - | 6,400 |
| 一定の期間にわたり移転されるサービス | - | 800 | 800 |
| | 6,400 | 800 | 7,200 |

セグメント情報の地域別情報と一致する

**収益の分解情報の注記を省略できる場合**（①・②の両方を満たす場合）

①セグメント情報の売上高に関する情報が収益認識会計基準に基づく場合

②収益，キャッシュ・フローの性質，金額，時期および不確実性に影響を及ぼす主要な要因に基づく区分に分解した情報が，セグメント情報で十分であると判断される場合

# 9－8 収益認識に関する注記②

「当期及び翌期以降の収益の金額を理解するための情報」

「当期及び翌期以降の収益の金額を理解するための情報」の記載事項は，以下のとおりです。

**1．契約資産及び契約負債の残高等**

⑴ 売上債権，契約資産，契約負債の期首及び期末残高（貸借対象表で区分表示していない場合）

⑵ 当期認識した収益のうち，期首の契約負債に含まれていた額

⑶ 契約資産・契約負債の残高に当期中に**重要な変動がある場合**，その内容

⑷ 履行義務の充足時期と支払時期の関連性，これが契約資産・契約負債残高に与える影響。過去に充足した履行義務（または部分的に充足）から，当期に認識した収益がある場合はその金額

**2．残存履行義務に配分した取引価格**

⑴ 期末で未充足（または部分的に未充足）の履行義務に配分した取引価格の総額

⑵ ⑴に従い注記した額がいつ収益認識されると見込まれるか

これらの注記については，財務諸表作成者から作成負担に対する懸念の声があがりました。そこで，1．⑶に関しては重要な変動がある場合に記載することとし，また，変動内容として定量的内容を必ずしも求めないこととしました。また，2．については，一定の条件下において記載の省略を認める対応（右ページ参照）が図られました。

## 注記を省略できるケースとは？

残存履行義務に配分した取引価格の注記を省略できるのは，以下の４通り

| ケース | 例 |
|---|---|
| A　履行義務が１年以内（当初予測）の契約の一部である場合 | 契約期間の当初<br>予測が１年以内<br>契約開始　X1/1/1<br>期末日　X1/3/31<br>（履行途中）<br>契約終了　X1/12/31 |
| B　対価の算定が，履行が完了した部分に対する顧客にとっての価値に直接対応するタイプの契約 | ２年間の解約不能の家事代行サービス。通常，少なくとも，月１度サービスを提供する。入会金等はなく，対価は固定時給×時間。 |
| C　売上高または使用量に基づくロイヤルティ | 自社が管理している野球選手の写真入りTシャツのロイヤルティ。ロイヤルティはTシャツの販売数量に応じて支払われる（§7-12）。 |
| D　複数の履行義務，または一連の別個の財またはサービスのタイプの履行義務がある場合で，完全な未履行の義務に配分される変動対価 | フランチャイザーが新規加入したフランチャイジーに請求する専用設備売上とロイヤルティ（月々の店舗売上高の５%）。期末日時点で専用設備は引渡済みだが，オープン前で店舗売上高は発生していない場合のロイヤルティ。 |

**注記するためには，**
**新たな見積りが必要になり，**
**会社の負荷が生じるね。**
**だから注記の省略が認められたんだ。**

# 9－9 その他の定め

工事契約や個別財務諸表における取扱い

## ■工事契約等から損失が見込まれる場合の注記

収益認識会計基準適用に伴い，「工事契約に関する会計基準」および，「工事契約に関する会計基準の適用指針」は，廃止されます。ただし，従来，これらで定めていた以下の注記は引き継がれることになりました。

(1) 当期の工事損失引当金繰入額

(2) 同一の工事契約に関する棚卸資産と工事損失引当金がともに計上されることになる場合，棚卸資産と工事損失引当金の相殺の有無と関連する影響額

## ■連結財務諸表を作成している場合の個別財務諸表の注記

連結財務諸表を作成している場合，個別財務諸表では，P/Lの表示の定め（適切な科目での表示，区分表示，重要な金融要素がある場合の取扱い（§9-1）），B/Sの表示の定め（適切な科目での表示（§9-2），区分表示（§9-3））を適用しないことができます。

また，収益認識に関する注記のうち，「収益の分解情報」および「当期及び翌期以降の収益の金額を理解するための情報」について注記を省略できます。なお「収益を理解するための基礎となる情報」については連結財務諸表の該当箇所を参照できます。

## 工事契約等から損失が見込まれる場合の注記

**【前提条件】**

A社は，請負工事を行っており，請負工事には，一時点で充足される工事と，一定の期間にわたり充足される工事がある。X1年度およびX2年度において，いくつかの契約から損失が見込まれている。

開示イメージ

【連結貸借対照表】

| | 前連結会計年度<br>（X1/3/31） | 当連結会計年度<br>（X2/3/31） |
|---|---|---|
| …… | …… | …… |
| 仕掛品 | ※5　2,100 | ※5　2,300 |
| …… | …… | …… |
| 工事損失引当金 | ※5　270 | ※5　310 |

（連結貸借対照表関係）

※5　損失が見込まれる工事契約に係る棚卸資産と工事損失引当金は，相殺せずに両建てで表示している。損失の発生が見込まれる工事契約に係る棚卸資産のうち，工事損失引当金に対応する額は，次のとおりである。

| | 前連結会計年度<br>（X1/3/31） | 当連結会計年度<br>（X2/3/31） |
|---|---|---|
| 仕掛品 | 80 | 110 |

（連結損益計算書関係）

※3　売上原価に含まれている工事損失引当金繰入額

| | 前連結会計年度<br>（X1/3/31） | 当連結会計年度<br>（X2/3/31） |
|---|---|---|
| 売上原価に含まれている工事損失引当金繰入額 | 210 | 280 |

**棚卸資産が計上されるのは，一時点で充足される工事の場合だね。
赤字見込み部分を直接減額せず，引当金が計上される。この場合，棚卸資産と引当金が両建てされるが，相殺することも認められているんだって。**

# 9−10 2020年基準の適用時期はいつ？

**原則のほか，２パターンの容認がある**

収益認識会計基準の2020年の改正は，主に表示と注記事項に関するものです。2018年基準では，主に会計処理が定められていますが，2020年改正基準を公表した時点で，原則的な適用時期はまだ迎えていません。公表時点が異なるとしても，会計処理と表示・注記は同じ時期に適用することが適切と考えられます。そこで，**原則**，2020年改正基準も2018年基準と同様に，**2021年４月１日以後開始する連結会計年度および事業年度の期首から適用**されることになりました。

ただし2018年基準を既に早期適用している会社やこれから早期適用しようとする会社には，これより前に2020年改正基準を適用するというニーズがあります。そこで，**2020年４月１日以後開始する連結会計年度および事業年度の期首から2020年改正基準を適用することができる**とされました。

さらに，12月末等を決算期末とする会社のニーズも勘案されました。具体的には，期末が**2020年４月１日から2021年３月30日の会社は，その期末から2020年改正基準を適用することができる**としました。期末から適用とは，その期の四半期財務諸表には2020年改正基準が適用されていないということです。このため，翌期の四半期（または中間）財務諸表では，早期適用した期首に遡り，2020年改正基準を適用することになりました。これにより，翌期の四半期（または中間）財務諸表でも比較可能性が確保できるようになるのです。

## 2020年会計基準の適用時期は？

適用時期は，原則と容認が２パターン

| | ～2020/4/1 | 2020/4/1～2021/4/1 | 2021/4/1～ |
|---|---|---|---|
| 原則：2021/4/1以後開始する連結会計年度および事業年度の期首から適用 | 基準導入前 | 基準導入前 | 2020年改正基準 |
| 容認１：2020/4/1以後開始する連結会計年度および事業年度の期首から適用（早期適用会社のニーズを考慮） | 2018年基準 | 2020年改正基準 | 2020年改正基準 |
| | 基準導入前 | 2020年改正基準 | 2020年改正基準 |
| 容認２：2020/4/1～2021/3/30を期末とする連結会計年度および事業年度の年度末から適用（12月末等を決算期末とする会社のニーズを考慮） | 基準導入前 | 期末から2020年改正基準 | 2020年改正基準 |

**原則と容認１の適用時期が期首からなのに対し，容認２は期末からなんだ。だから翌期に特別の取扱いが必要なんだね！**

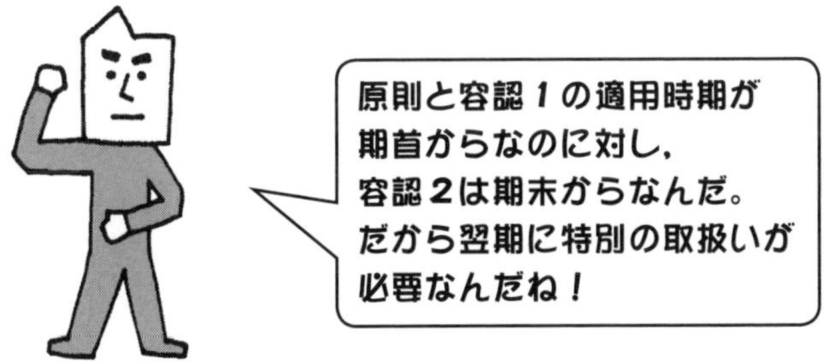

# 9−11 適用初年度の取扱い①

**遡及適用が必要！ ただし経過措置あり！**

適用初年度がX3年３月期である会社をモデルとして，適用初年度の取扱いを考えてみましょう。収益認識会計基準の適用は，会計基準等の改正に伴う会計方針として取り扱い，遡及適用が原則とされます。つまり比較情報となる「X2年３月期の期首の数値」から遡り修正するということです。ただし，比較情報（X2年３月期）については，一定の要件を満たす契約について，下記のような簡便的な処理が認められています（経過措置）。

| ケース | 容認内容 |
|---|---|
| X1年３月期の期末以前に，従前の取扱いで収益のほとんどすべての額を認識済みの契約 | 遡及修正しなくて可 |
| 変動対価の契約で，かつ，X2年３月期の期末以前に，収益のほとんどすべての額を認識済み | 不確実性解消後の金額での計上可 |
| X2年３月期に開始し，終了した契約 | 遡及修正しなくて可 |
| X1年３月期の期末以前になされた契約変更 | （※） |

（※）変更後の契約条件に基づき①履行義務の充足分および未充足分の区分，②取引価格の算定，③履行義務の充足分および未充足分への取引価格の配分の処理を行い，遡及修正する方法で可

また，遡及適用に係る累積的影響額を適用初年度の期首の利益剰余金に加減する方法も認められます。

さらにIFRSまたは米国会計基準を連結財務諸表で適用している会社（またはその連結子会社）等に対する経過措置も定められています。

## 適用初年度の処理とは？

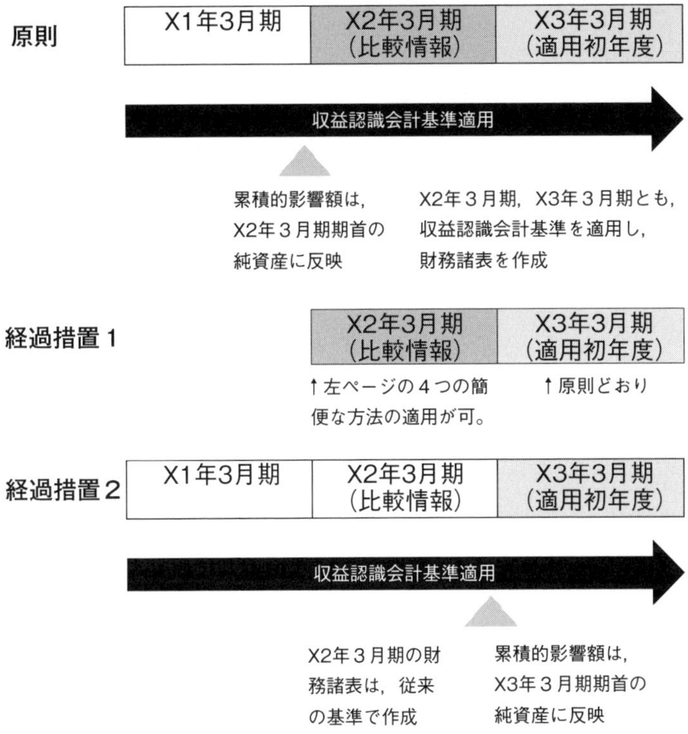

**原則**

| X1年3月期 | X2年3月期（比較情報） | X3年3月期（適用初年度） |
|---|---|---|

収益認識会計基準適用

累積的影響額は，X2年３月期期首の純資産に反映

X2年３月期，X3年３月期とも，収益認識会計基準を適用し，財務諸表を作成

**経過措置１**

| X2年3月期（比較情報） | X3年3月期（適用初年度） |
|---|---|
| ↑左ページの４つの簡便な方法の適用が可。 | ↑原則どおり |

**経過措置２**

| X1年3月期 | X2年3月期（比較情報） | X3年3月期（適用初年度） |
|---|---|---|

収益認識会計基準適用

X2年３月期の財務諸表は，従来の基準で作成

累積的影響額は，X3年３月期期首の純資産に反映

**経過措置３**　IFRSまたは米国会計基準を連結財務諸表で適用している会社（またはその連結子会社）
→個別財務諸表でも，IFRS第15号またはTopic606の経過措置をとれる

**経過措置４**　IFRSを連結財務諸表で初めて適用する会社（またはその連結子会社）
→個別財務諸表への収益認識会計基準適用初年度には，IFRS第1号「国際財務報告基準の初度適用」の経過措置をとれる

# 9−12 適用初年度の取扱い②

## 表示方法の変更と注記の取扱い

収益認識会計基準の導入により表示方法の変更が必要になる場合は，「表示方法の変更を定めた会計基準又は法令等の改正により表示方法の変更を行う場合」として取り扱われることになりました。

表示方法の変更を行う場合は，原則，比較年度についても組替えをすることになっています。しかし，**収益認識会計基準適用初年度については，比較年度の組替えを行わない**ことも認められました（ただし，この場合は，表示方法の変更により影響を受ける主な科目に対する影響額の記載が必要）。

新たに会計基準を適用する場合，比較年度でも注記は必要とされます。しかし収益認識会計基準の場合，これを貫くと以下のような実務の負荷が考えられます。

(1) 注記情報の入手・集計には経営管理・システム対応を含む業務プロセスの変更が必要になる可能性がある。
(2) 注記を比較年度まで求めるには，準備期間が不足している。
(3) 収益認識会計基準を比較年度に適用せず，累積的影響を適用初年度の期首に反映する方法を認めている（§9-11）。注記のみ比較情報を求めると，本表に簡便な取扱いを認めた意味がなくなる。

そこで，**適用初年度の比較情報については，収益認識会計基準で要求する注記を記載しなくてよい**ことになりました。

## 表示方法の変更に係る経過措置とは？

表示方法の変更の原則的取扱いと，経過措置を用いた場合のイメージは，以下の通り。

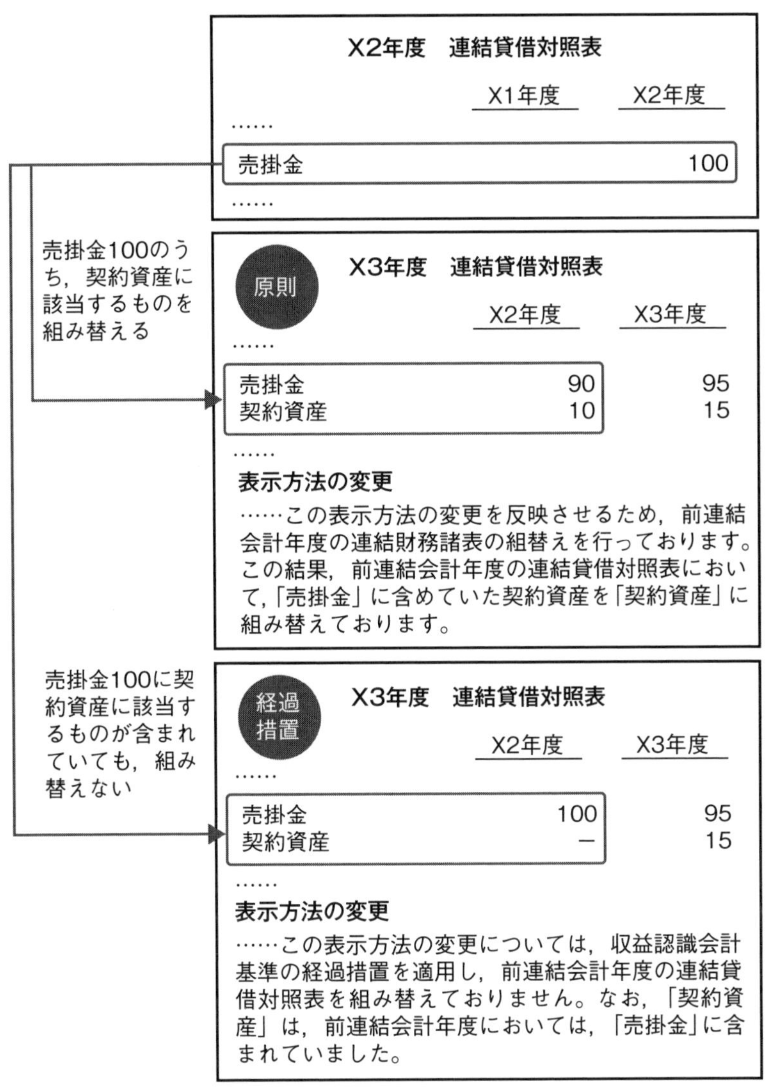

COLUMN

## 定期購買からサブスクで，収益認識時点はどう変わる？

ここ数年で「サブスク」という言葉をよく聞くようになりました。似た商法で「定期購買」がありますが，これは「所有権」の販売です。

サブスクは「利用権」の販売というところが大きな違いです。たとえば，映画や書籍，音楽配信サービスを月額定額で上限なく利用する権利を与えるといったものです。同時に配信できるデジタルデータは，顧客数や利用数でコストはあまり変わらず，売主にとっても顧客にとっても都合よく，一気に広まったということです。

最近では，飲食や美容院等のサブスクも出てきました。ただし，顧客の利用につれ原価もかかるので上限を設ける場合もあるようです。

さてこれらのビジネス，収益認識の計上時点も異なってきます。定期購買は顧客にモノを届けた時点ですが，サブスクの履行義務は「権利の付与」なので配信時ではなく，期間満了時（例：月額契約なら月末に）となります。上限が設定されている場合は，利用期間が終了しなくても，利用回数が上限に達したらその時点です。

# §10

# 新基準導入時の検討事項

収益認識会計基準の導入時には，経理部だけでなく，他の部署の対応も必要になることが想定されます。システムの改修や入替えが必要かもしれません。また会計だけでなく，税務への影響も考えられます。§10では新基準導入時の検討事項を見ていきます。

# 10－1 新基準導入の影響の有無は？

## ステップ別影響度チェックリスト

§8までで，収益認識会計基準の全体の考え方や，個々の論点の内容を紹介してきました。影響がどの程度ありそうか，**影響がある場合にどのように対応すればよいか**，イメージが湧いたでしょうか。

§10では，新基準を導入する際の検討過程を紹介します。

たとえば，小売業で影響がありそうな点は，消化仕入取引（§7-4）やポイント制度（§7-6）の取扱いなどが思い当たります。製造業であれば，一時点で充足される収益の認識時点（§4-7，4-8，8-5）や有償支給取引（§7-15，16）が論点となります。つまり，業態の違い，あるいは提供する製商品やサービスの内容の違いにより，影響の度合いが異なるのです。複数の業態を営む場合や，異なる性質の製商品やサービスを取り扱う場合には，それぞれで検討が必要となります。

まずは，本書の内容をもとにしたチェックリスト（右ページ）を参考に，**該当する取引があるか，業態ごと（または製商品やサービスごと）に判定してみましょう**。この判定で，影響の有無を把握することができます。

該当がある場合には，次の検討（§10-2）に進みましょう。影響の程度を把握できるようになります。

## 影響度チェックリスト

| 本書での取扱い | ステップ | 特徴的なケース | チェック |
|---|---|---|---|
| 7-1 | 2 | 財またはサービスに対する保証 | □ |
| 7-2～4 | 2 | 本人と代理人の区分 | □ |
| 7-5～7 | 2 | 追加オプションの付与 | □ |
| 7-8 | 5 | 顧客により行使されない権利 | □ |
| 7-9 | 5 | 返金不要の前払報酬 | □ |
| 7-10～12 | 2, 5 | ライセンスの供与 | □ |
| 7-13～16 | 5 | 買戻契約 | □ |
| 7-17 | 3 | 返品権付きの販売 | □ |
| 7-18 | 5 | 委託販売契約 | □ |
| 7-19 | 5 | 請求済未出荷契約 | □ |
| 7-20 | 5 | 顧客による検収 | □ |
| 8-2 | 2 | 契約変更 | □ |
| 8-2 | 1, 2, 4 | 契約の結合，履行義務の識別，取引価格の配分 | □ |
| 8-2 | 1, 2, 4 | 工事契約および受注制作のソフトウェアの収益認識の単位 | □ |
| 8-3 | 2 | 重要性が乏しい場合の履行義務であるか否かの評価 | □ |
| 8-3 | 2 | 顧客が財を支配獲得後の出荷・配送活動 | □ |
| 8-4 | 4 | 重要性が乏しい財またはサービスに対する残余アプローチの使用 | □ |
| 8-5 | 5 | 出荷基準等の取扱い | □ |
| 8-6 | 5 | 期間がごく短い工事契約および受注制作のソフトウェア | □ |
| 8-6 | 5 | 契約の初期段階における原価回収基準の取扱い | □ |
| 8-6 | 5 | 船舶による運送サービス | □ |

# 10－2 新基準導入の影響の大きさは？

### ３つの観点から総合的にとらえよう

影響の大きさはどのように測ればよいでしょうか？

第１に，**金額の大きさの検討**です。金額の影響には，総額が変わるものと，収益認識のタイミングが変わる，いわゆる「期ずれ」の２パターンがあります。前者の例として，代理人取引（§7-2～7-4）やいわゆる棚代（§5-9）がありますが，多くのものは後者の期ずれのパターンです。

また返品権付きの販売（§5-4，7-17）やポイント制度（§7-6）のように，従来，計上していなかった契約負債（§10-10）を計上する場合は，影響額がどれだけかという検討も必要です（§10-3～10-5）。

第２に，**日常業務や締処理業務の変更といった業務への影響度の検討**です。業務への影響というと難しそうですが，資料を変更する必要があるか，という観点で検討してみると比較的簡単です。特に，締処理用の集計資料や集計データの内容に手を加えなければいけないのであれば，入力体制やチェック体制まで検討する必要があります（§10-6～10-8）。

第３に，**システム更新の有無の検討**です。上記集計資料や集計データが，手作業だけではなく，情報処理システムを介して生成されている場合には，プログラム変更の要否を検討する必要があります。影響が大きい場合には，情報処理システム全体を更新（リプレース）する必要があるかもしれません（§10-9）。

次節以降で詳しく見ていきましょう。

## 3つの観点から測定する影響度の大きさ

影響度を測定するには，論点ごとに
影響額・業務への影響度・システム更新の
要否を検討することが必要！
たとえば，下記のようなシートを用意し，
どこに該当するか検討してみよう！

■ 論点Aの観点別影響度検討シートと記入例

| | 影響額 | 業務への影響度 | システム更新の要否 |
|---|---|---|---|
| 影響 大 | ✔<br>指標：<br>1億円以上 | ✔<br>指標：経理部以外の部署も対応が必要 | 指標：<br>要リプレース |
| 影響 小 | 指標：<br>1百万円以上 | 指標：経理部のみ対応が必要 | ✔<br>指標：<br>要改修または<br>要設定変更 |
| 影響なし | 指標：<br>影響なし | 指標：業務変更の対応不要 | 指標：<br>システム変更不要 |

※ 影響額の指標は，会社規模や業績，業界により異なる。

たとえば論点Aが，上記のようにチェック（✔）されたら，「影響額・業務への影響度が大，またシステム改修または設定変更が必要」と，対応の優先順位がかなり高いと判断される。

# 10－3 影響額を試算する（会計編）

### 会計方針変更による損益への影響額は？

出荷基準から検収基準に変更する場合を例に検討してみましょう。

試算するのは，配送先が国内のみで得意先の検収までの平均所要日数が１日という３月決算メーカーにおいて，出荷基準を検収基準へ変更する場合の期ずれ影響額です。

検収までの平均所要日数が１日ですので，３月30日に出荷したものはおおむね３月中に検収されますが，３月31日に出荷したものの検収は翌期４月となります。したがって，期ずれ影響額は，ほぼ３月31日分の出荷額のみとなります。仮に，過去数年分の３月31日出荷額の平均が１億円という調査結果が出たとすれば，変更時の**概算での期ずれ影響額**は売上高１億円減少となります（期首にも同様の影響が出ていたはずなので，**差引影響額**はゼロ）。なお，暦によっては，３月30日以前の出荷が，翌期４月にずれることがあります（例：３月29日が金曜，かつ，出荷先が週末休業の場合）ので，留意が必要です。

また，検収までの所要日数の裏付け調査も必要になります。これに必要な検収情報は，出荷基準では会計処理には必要なかったため，従来は，経理部では収集されていなかったと考えられます。**一度選択した会計方針・会計処理は基本的に変更できません**ので，影響度調査に際しては，**実データ**に基づいたしっかりとした検討が必要です（**§10-7**参照）。

## 出荷基準 ➡ 検収基準の影響額（会計）

**【前提】**

X社の得意先は国内のみで，出荷してから検収までの所要日数は平均して１日である。また過去数年の3/31出荷の売上高の平均は１億円である。出荷基準から検収基準に変更した場合の影響はどれだけか？

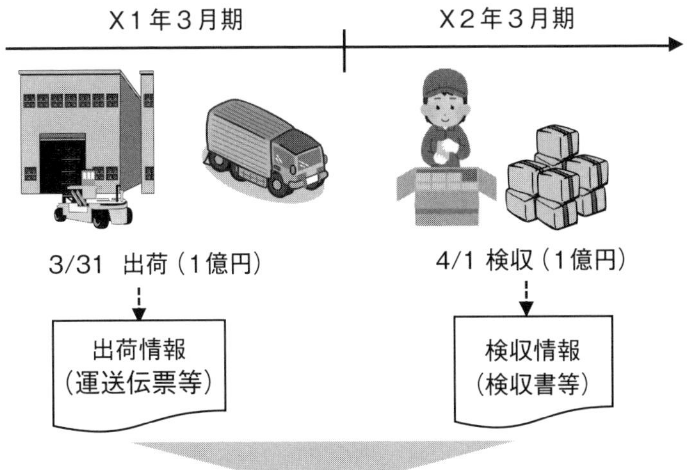


出荷基準から検収基準への変更により，3/31出荷分（１億円）の売上計上が，X１年３月期からX２年３月期にずれる。

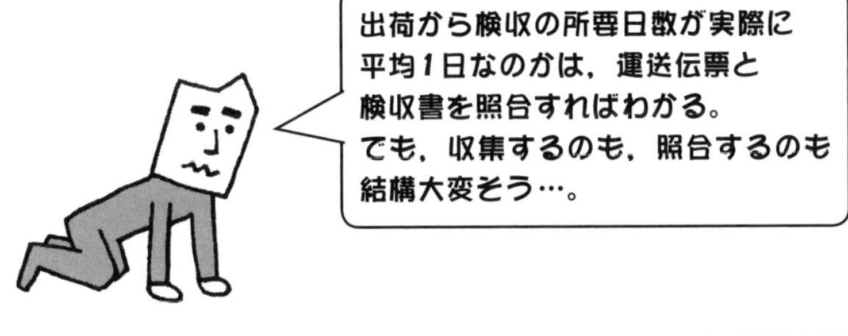

# 10－4 影響額を試算する（法人税編）

## 納税額や税効果会計への影響は？

出荷基準から検収基準への変更は，会計方針の変更になりますが，会計上は，原則として**あたかも以前から変更後の会計方針を採用していたかのごとく処理**し，新旧会計方針の影響額は，株主資本等変動計算書で調整します。

一方，法人税においては，過年度の課税所得や税額は修正しません。その代わり会計方針変更時の期首の別表５（一）で新旧会計方針の影響額を調整します。具体例で見てみましょう。

- 当期初に会計方針を変更（出荷基準 → 検収基準）した
- 前期に出荷したが，検収は当期となった取引Aは，売上100，原価70，利益30

取引Aは，出荷基準に基づき前期に売上計上されました。しかし当期に会計基準を検収基準に変更すると，当期にも売上が計上されてしまいます。その結果，法人税法上，過去の課税所得に含まれた利益30が，当期にも重複して含まれることとなります。そこで会計上増えた利益30を減算します。**調整方法が，会計と税務で異なる**ということです。

出荷基準から検収基準への変更に係る対応は，収益認識会計基準適用時のみ行えばよいですが，毎期対応が必要な項目もあります。

たとえば，返品権付き販売をする会社が，会計上，取引額の全額を売上にせず，一部を返金負債にした場合を考えてみましょう。法人税法上は，全額が益金となるため，契約負債の額について加算が必要となります。つまり，毎期，加減算項目が生じるということで，情報収集と対応が必要ということです。

## 収益認識会計基準適用に伴う法人税の調整

収益認識会計基準適用に伴う税務対応は，適用時のみ対応が必要なものと，毎期対応が必要なものがある。

### ■ 適用時のみ対応が必要な例：出荷基準→検収基準への変更

別表五（一）
X１年３月期

| 区分 | 期首金額 | 当期減 | 当期増 | 期末金額 |
|---|---|---|---|---|
| 繰越損益金 | | | 1,000 | 1,000 |
| 差引合計額 | | | 1,000 | 1,000 |

X２年３月期（当期首に会計基準を変更）

| 区分 | 期首金額 | 当期減 | 当期増 | 期末金額 |
|---|---|---|---|---|
| 売掛金（過年度遡及） | 100 | 100 | | |
| 棚卸資産（過年度遡及） | △ 70 | △ 70 | | |
| 繰越損益金 | 970 | | | |
| 差引合計額 | 1,000 | | | |

### ■ 毎期対応が必要な例：返品権付き販売

月刊誌を10,000千円販売。60日以内であれば返品可であり，会社はこれまでの実績から返品率を40%と見込み，4,000千円の返金負債を計上する場合

X２年３月期　（単位：千円）

| 区分 | 期首金額 | 当期減 | 当期増 | 期末金額 |
|---|---|---|---|---|
| 返金負債 | | | 4,000 | 4,000 |

契約負債や契約資産については，
会計上と税務上で一時差異が生じる。
だから税効果にも影響が生じる可能性があるね！

# 10－5 影響額を試算する（消費税編）

**課税資産の譲渡対価≠売上高!?**

消費税は，課税資産の譲渡対価を課税標準として，税額計算します。従来，売上取引についての課税資産の譲渡対価は，法人税法上の益金や会計上の収益の金額と一致することが一般的であり，収益認識について消費税固有の申告調整をする実務はまれであったと思われます。

新基準導入後も消費税固有の申告調整は不要でしょうか？

税務上の取扱いは今後の税法や通達の改正等によるところが大きいですが，現行税法を前提とすると，申告調整が必要になるケースも想定されています。

特に，会計処理が変わる下記のケースについては，留意が必要です。

- ポイント制度（§7-6）
- 返品権付き販売（§7-17）

これらはいずれも，収益認識会計基準適用後は，取引価額（売上）は現金収受額（売価）より小さくなりますが，消費税では，課税資産の譲渡対価は繰延額を含む現金収受金額の全額になると考えられます。このため申告調整が必要で，申告調整業務フローの変更やシステム更新を検討する必要があります。

**Key Word　課税資産の譲渡対価**

資産の譲渡，資産の貸付けや役務の提供について受け取る金額または受け取るべき金額のこと。

## 収益認識会計基準適用に伴う消費税の調整

- 商品10,000円の販売に対して，10%のポイントが付与される。
- 会社は行使率は70%を見込んでいる。
- 会社は通常，値引きをしていないとする。
- 従来は，収益計上と別にポイント引当金を計上していた。

**消費税の処理**

- 消費税の課税資産の譲渡対価は現金収受額（本体価格）
- ポイント付与は不課税取引

| 本体価格<br>10,000 | 消費税<br>800 |
|---|---|

**会計処理**

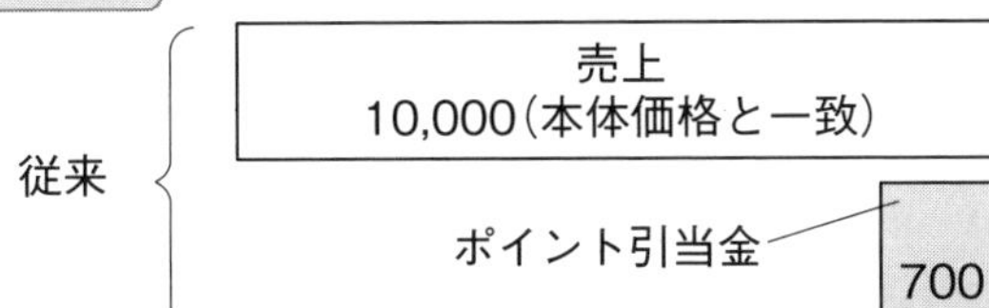


700＝10,000×10%×70%

収益認識会計基準適用後

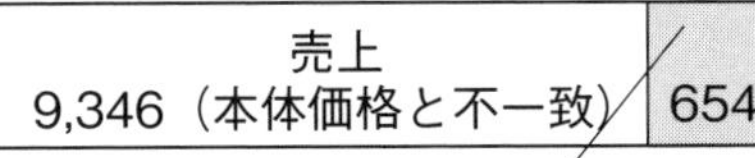


契約負債

ポイントの独立販売価格：700＝（10,000×10%×70%）
商品への配分：9,346＝10,000÷（10,000＋700）×10,000

**従来は，売上＝本体価格だった。だから売上から消費税の算定も容易だったね。でも収益認識会計基準導入後は，算定がめんどうになりそう…。**

# 10－6 締処理業務への影響は？

## 決算調整として対応する場合

業務処理を変更する場合，２つの方法が考えられます。決算調整として対応する方法と日々の業務として対応する方法です。出荷基準から検収基準へ変更する場合を例に，まず前者による対応を考えてみましょう。

**決算調整としての対応**にはいくつかありますが，システムを入れ替えず，かつ，手間もかけない方法もあります。具体的には，期中は，従前通り，出荷基準で売上を計上し，期末の数日前出荷のものについて，過去データから検収日が翌期と推定される売上を取り消すという方法です。**比較的容易に対応できますが，実績値でなくみなし値**です。

したがって，次のような点への留意が必要です。まず，配送期間が短い国内売上取引が前提であり，海外売上が含まれていないか確認する必要があります。また，検収までの所要日数が当初想定通りの日数のままであるか，毎期，確かめるべきです。さらに，前期末の売上取消の戻入れを反映させることも忘れてはいけません。

**Check!　決算早期化も念頭に置いて**

決算調整項目が多くなると，決算早期化に逆行してしまいます。2つの方法を比較検討する際には，全体の手数の多寡を比較することが多いと思いますが，決算早期化・効率化の観点からすると，たとえ全体の手数は多少増えても，後工程での手間が少ない方が望ましいといえます。

## 決算調整としての対応

**【前提】**

§9-3のX社は，出荷基準から検収基準への変更に際し，左ページの下線の方法をとることにした。この場合の日々の業務処理と，決算時の調整はどのようになるか？

**【日々の業務処理】　売上は出荷日で計上する**

売上伝票の作成は
出荷基準の時と
変わらないので楽ちん！

出荷日で売上が計上される
ところも出荷基準の時と
変わらないので楽ちん！

**【決算処理】　検収日が翌期と見込まれる売上を取り消す**

X社の場合，検収までの平均所要日数が1日のため，3/31出荷の売上額を，取り消す

（単位：千円）

| | | |
|---|---|---|
| 借方 | 売上 | 100,000 |
| 貸方 | 売掛金 | 100,000 |

実務は，このように単純ではなく，
発地と着地の組み合わせにより，
検収までの所要日数が，「1日」に限らず
「0日」の場合や「2日」の場合もあるだろうね。
そうすると，決算処理はやや複雑になるぞ。

# 10－7 日常業務への影響は？

## 日々の業務から変更して対応する場合

会計基準の変更を日々の業務の変更で対応する場合は，どうなるでしょう。これも出荷基準から検収基準へ変更する場合で考えてみます。

**検収基準を採用する場合，検収情報（検収書）の入手，受領日付を登録する業務処理及びそのチェック体制の構築が必要**となります。

従来，このような業務が行われていなかったとしたら，新たに実施する必要があります。また，従前から実施されていたとしても，数週間後に一括して送付されてくる資料をもとに事後的に検収日が登録されていたような場合には，検収日登録処理を前倒しして適時に実施する必要が生じます。

一方，日常業務において検収日の登録を逐一実施する場合には，厳密な正確性が担保されていますので，§10-6のような決算調整上の検討が不要となり，**決算調整の負荷は軽減**されます。

## 日々の業務を変更する場合の対応

**【前提】**

§9-3のX社は，出荷基準から検収基準への変更に際し，日々の業務を変更することにした。この場合の日々の業務処理と，決算調整はどのようになるか？

**【日々の業務処理】　売上は検収日で計上する**

検収基準にしてから，
検収情報が必須になったわ。
なかなかもらえなかったり，
入力箇所が増えたりで，
負荷増！

売上計上日は，検収日に
なるよ。販売管理システムと
会計システムを連動させてい
る場合は，システム更新が
必要かも。

**【決算処理】　不要**

決算調整をする
必要がない。
本来あるべき
業務処理と
いえるね♪

# 10－8 内部統制への影響は？

**業務処理が変わっても変わらなくても，影響あり！**

収益認識会計基準の適用で，内部統制に影響が生じるでしょうか？ **§10-7**のように日常業務を変える場合は，業務フローや使用する証憑，システムが変わってきます。リスクやコントロールも変わるので，内部統制も当然に見直しが必要です。**§10-6**のように決算調整として対応する場合も「検収が４月１日以降と推定される売上を取り消す」という決算処理の追加に伴い，内部統制の対応が必要になります。

では，収益認識会計基準適用後も，業務処理自体を変えない場合は，内部統制の対応は不要なのでしょうか？　たとえば，国内販売の場合，収益認識会計基準では，出荷基準を代替的取扱いとして認めています（**§8-5**）。これを用い，出荷基準を継続適用する会社は，内部統制上，対応が不要なのでしょうか？

答えは「NO」です。出荷基準を継続適用する要件に，**出荷時から支配が移転される時点までの期間が「通常の期間」であること**があります。そうであれば，**継続適用の可否についての検討・承認プロセスという，新たな内部統制の整備・運用が求められる**ということです。

つまり，業務処理が変わる場合だけでなく，変わらない場合も，内部統制の見直しが必要です。これは出荷基準を継続適用する場合に限りません。影響がある論点について，それぞれ内部統制の対応が必要になるので，留意が必要です。

## 業務が変わらない場合も内部統制の対応が必要？

**【前提】**

§10-3のX社は，影響度調査により，出荷時から支配が移転されるまで平均１日程度であり通常の期間であることを確認した。そこで収益認識会計基準導入後も，継続して出荷基準をとることとした。このような場合，内部統制については，どのような対応が必要か？

### ■ 影響度調査実施時

出荷から検収まで平均１日で
「通常の期間」内！
期末に売上が集中することもない。
出荷基準でOK！

### ■ 収益認識基準導入後

検収までの平均日数が増えているな。
「運送業界が慢性的に人手不足で
年度末には，事前予約がないものについては，
後回しにされたためです」か…。
出荷時から支配が移転される時点までの期間
が「通常の期間」におさまっているか
確認しないと！

# 10－9 システム更新は必要か

システム連携の場合や帳票変更の場合は更新が必要？

新基準導入にあたり，会計方針や業務処理方法を変更する場合には，システムの更新が必要かもしれません。

**収益認識基準の方針を変更するということは，実務的には，売上高計上の根拠帳票が変わる**ということです。出荷基準から検収基準へ変更する場合を例にとると，従来は出荷日別一覧が必要であったところ，今後は検収日別一覧が必要となります。販売システムと会計システムを自動連携させている場合などは，日常業務で意識しないことが多いと考えられるため，要注意です。

これは出荷基準から検収基準への変更のケースだけではありません。たとえば，別個の履行義務を新たに識別する場合，前受金の管理が新たに必要になります。

システム導入には時間がかかります。費用対効果の観点から手作業対応とするという選択肢も含め，プログラムを改修するか，システム自体を更新（リプレース）するかの検討を早めに行うことが望まれます。

**Key Word　システム更新（リプレース）**

情報システム（ソフト）やサーバ（ハード）などを入れ替えて新しいシステムにすること。業務変更や保守切れなどを契機に検討され，全面的な入れ替えの場合に用いられることが多い。

## 会計方針の変更とシステムの対応は？

**【前提】**

出荷基準をとっていたX社は，検収基準に変更し，日々の業務を変更することで対応することにした。この場合，システムではどのような対応が必要か？（販売システムと会計システムは連携していないとする）

【営業部】

従来も，出荷情報だけでなく，検収情報も販売システムに入力していたのよ。

出荷情報（運送伝票等）

検収情報（受領書兼検収書）

【経理部】

出荷基準の頃

検収基準採用後

出荷日別一覧

販売システムから出荷日別一覧を出力し，会計システムに売上を入力するよ。

検収基準で売上を計上するのなら，検収日別一覧がないと不便だな。

検収日別一覧が出力できるようにシステムを更新する必要あり

## 【監修者紹介】

### 山岸　聡（統括監修）

公認会計士。第４事業部で監査業務に携わる一方，品質管理本部会計監理部も兼務し，監査チームから会計処理に関するコンサルテーション業務にも関与している。書籍の執筆，研修会の講師多数。
共著に「連結財務諸表の会計実務」，「そこが知りたい！「のれん」の会計実務」，「こんなときどうする？減損会計の実務詳解Q&A」（中央経済社）がある。

### 飯田　傑（監修）

公認会計士。第２事業部に所属。
IFRS任意適用会社の監査業務に従事するとともに，IFRSコンバージョン・プロジェクトを基準の解釈面からサポート。
共著に「M&AにおけるPPA（取得原価配分）の実務」（中央経済社），「企業への影響からみる収益認識会計基準　実務対応Q＆A」（清文社）などがある。

## 【執筆者紹介】

### 諸江　正彦（§１）

公認会計士。第２事業部に所属。
主にインターネットサービス業，情報通信システム業，モバイルコンテンツ業，食品業，人材紹介業等の監査業務及びIPO準備会社への監査・業務改善アドバイス業務，IFRS監査業務（リファーラル業務）を中心に従事。
共著に「図解でスッキリ　時価算定基準の会計入門」「図解でざっくり会計シリーズ⑨　決算書のしくみ」「現場の疑問に答える会計シリーズ⑦　Q＆A純資産の会計実務」（以上，中央経済社）などがある。

### 浦田　千賀子（§２）

公認会計士。第２事業部に所属。
人材サービス業，ホテル業，通信販売業，メディア業等の監査，内部統制助言業務，上場準備支援業務等のほか，雑誌への寄稿やセミナー講師も行っている。また，同法人のHP「企業会計ナビ」の編集委員として，会計情報の外部発信業務にも従事。
著書（共著）に「決算期変更・期ズレ対応の実務Q＆A」，「図解でざっくり会計シリーズ１　税効果会計のしくみ（第２版）」，「図解でスッキリ　ストック・オプションの会計・税務入門」，「取引手法別　資本戦略の法務・会計・税務」，「連結手続における未実現利益・取引消去の実務」（以上，中央経済社），「図解入門ビジネス　最新株式公開の基本と実務がよーくわかる本」（秀和システム）などがある。

## 大澤　究（§３）

公認会計士。第５事業部所属。
国内監査部門において，物流会社，メーカー，商社等の監査に従事するとともに，IPOを志向するアーリーステージの会社の準金商法監査及びアドバイザリー業務に従事。なお，株式上場したベンチャー企業において，経理部長として通常の決算に加え，内部統制構築，資金繰り管理，IR，株主総会運営等様々なバックオフィス業務を担う経験を有する。執筆に「図解でスッキリ　外貨建取引の会計入門」（中央経済社），「ケーススタディ・上場準備実務」（税務経理協会）がある。

## 椎名　厚仁（§５）

公認会計士。第１事業部に所属。
製造業，情報サービス業の監査業務を担当するほか，日本公認会計士協会東京会監査委員会の委員も務める。
監査法人勤務前は，情報サービス企業にシステムエンジニアとして従事。
共著に「図解でスッキリ　ストック・オプションの会計・税務入門」，「図解でスッキリ　ソフトウェアの会計･税務入門」，「同　時価算定基準の会計入門」「M&AにおけるPPA（取得原価配分）の実務」（以上，中央経済社）がある。

## 菊池　玲子（§６，§９企画・編集・レビュー）

公認会計士。EYソリューションズ㈱に所属。商社や小売業でアドバイザリー業務に従事。
同社転籍前は新日本有限責任監査法人で小売業，製造業，公益法人等の監査のほか，IPO支援業務，IFRS対応業務，地方公共団体の受託事業に関与。
共著に「図解でざっくり会計シリーズ④　減損会計のしくみ」，「同⑨　決算書のしくみ」，「図解でスッキリ　外貨建取引の会計入門」，「同　ストック･オプションの会計･税務入門」，「図解でスッキリ　ソフトウェアの会計・税務入門」「同　仮想通貨の会計とブロックチェーンのしくみ」「同　時価算定基準の会計入門」（以上，中央経済社）。また毎日新聞のウェブサイト「経済プレミア」に「キラリと光る経営者への道」を執筆。

## 櫻井　靖洋（§７前半）

公認会計士。第３事業部に所属。
小売業，卸売業，情報サービス業等の監査業務のほか，IFRS対応業務，IPO支援業務に従事する一方で，品質管理部門を兼務。その他製造業，物流，倉庫運輸関連，専門商社，精密機器，化学，地方自治体の包括外部監査などの各種担当を歴任。
共著に「業種別会計シリーズ　卸売業」（第一法規）「図解でスッキリ　ソフトウェアの会計・税務入門」「同　時価算定基準の会計入門」（以上，中央経済社）がある。

## 門田　功（§７後半）

公認会計士。第１事業部に所属。
製造業，IT企業，総合商社等の監査のほか，IFRS対応業務に関与。
共著に「図解でスッキリ　ストック・オプションの会計・税務入門」，「図解でざっくり会計シリーズ⑦　組織再編会計のしくみ」，「ケースから引く　組織再編の会計実務」，「設例でわかるキャッシュ・フロー計算書の作り方Q&A」（以上，中央経済社），「勘定科目別不正・誤謬を見抜く実証手続と監査実務【新版】」（清文社）がある。

## 森谷　哲也（§８）

公認会計士。第４事業部に所属。
主に国公立大学法人の監査業務，IPO準備会社への監査・業務改善アドバイスに従事。そのほか，卸売業，金融業，製造業，小売業などの各種担当を歴任。
共著に「こんなときどうする？　引当金の会計実務」「図解でスッキリ　時価算定基準の会計入門」（中央経済社），「よくわかる国立大学法人会計基準　実践詳解」（白桃書房）がある。

## 池田　洋平（§10）

公認会計士。第３事業部に所属。
主に上場会社の監査業務，IPO準備会社への監査・業務改善アドバイス，品質管理業務に従事。ソフトウェア関連の担当が多く，現在は業界向けセミナー講師を務めるなど，ソフトウェアセクターのメンバーとして活動中。そのほか，建設業，創薬ベンチャー，サービス業，食品製造業や機器製造業などの各種担当を歴任。

【編者紹介】

## EY | Assurance | Tax | Strategy and Transactions | Consulting

### EY新日本有限責任監査法人について

EY新日本有限責任監査法人は，EYの日本におけるメンバーファームであり，監査および保証業務を中心に，アドバイザリーサービスなどを提供しています。詳しくはshinnihon.or.jpをご覧ください。

### EYについて

EYは，アシュアランス，税務，ストラテジー，トランザクションおよびコンサルティングにおける世界的なリーダーです。私たちの深い洞察と高品質なサービスは，世界中の資本市場や経済活動に信頼をもたらします。私たちはさまざまなステークホルダーの期待に応えるチームを率いるリーダーを生み出していきます。そうすることで，構成員，クライアント，そして地域社会のために，より良い社会の構築に貢献します。

EYとは，アーンスト・アンド・ヤング・グローバル・リミテッドのグローバルネットワークであり，単体，もしくは複数のメンバーファームを指し，各メンバーファームは法的に独立した組織です。アーンスト・アンド・ヤング・グローバル・リミテッドは，英国の保証有限責任会社であり，顧客サービスは提供していません。EYによる個人情報の取得・利用の方法や，データ保護に関する法令により個人情報の主体が有する権利については，ey.com/privacyをご確認ください。EYについて詳しくは，ey.comをご覧ください。

図解でスッキリ
収益認識の会計入門（第2版）

2018年10月10日　第1版第1刷発行
2020年8月20日　第1版第14刷発行
2021年1月10日　第2版第1刷発行
2023年1月20日　第2版第5刷発行

編　者　EY新日本有限責任監査法人
発行者　山　本　　継
発行所　㈱中央経済社
発売元　㈱中央経済グループパブリッシング
〒101-0051　東京都千代田区神田神保町1-31-2
電話　03（3293）3371（編集代表）
03（3293）3381（営業代表）
https://www.chuokeizai.co.jp
印刷／文唱堂印刷㈱
製本／㈲井上製本所



＊頁の「欠落」や「順序違い」などがありましたらお取り替えいたしますので発売元までご送付ください。（送料小社負担）

ISBN978-4-502-37091-5　C3034